Zürich

Eva Gerberding
Daniel Karasek

Geschichtsträchtiges Pflaster: Erkerromantik in der Augustinergasse

INHALT

Karten und Pläne
Zürich: Klappe vorne; **Verkehrslinienplan:** Klappe hinten;
Die Umgebung von Zürich: Umschlag Rückseite; **Altstadt-
Zentrum:** S. 88

Eine kleine Weltstadt Europas, eingebettet in eine bezaubernde Landschaft: Hier reicht das emsige Geschäftstreiben dem Naturparadies die Hand.

Die Stadt am **Zürichsee** ist weder klein noch groß, sowohl mediterran als auch nordisch-kühl. Und auch für **Thomas Mann** (1875–1955) war es »das kosmopolitische Zürich, das mit seinem See, seinen Bergen, Heimatlichkeit und demokratische Internationalität, weltweiten Horizont mit den Eigenschaften eines heiteren Luftkurorts vereinigt«.

Wer also glaubt, in Zürich (365 000 Einwohner) auf eine Großstadt zu treffen, befindet sich unerwartet in einem Gewirr von kleinstädtischen, dörflichen, auch ländlichen Miniaturen; wer das Mediterrane ersehnt, das hier zweifelsohne bereits zu Hause ist, sieht sich genauso schnell von einer kühlen, fast abweisenden Geschäfts- und Handelsstadt umgeben: dem Zürich des Geldes, der Banken, der **Bahnhofstraße**. Doch damit sind die Vorurteile auch schon in Gang gesetzt, die Zürich als kühl, humorlos, als calvinistisch-zwinglianische Hochburg abtun und es nur als eine in sich verschlossene Prunkstätte – die Nummernkontostadt! – mit einer zugegebenermaßen ganz net-

Spektakuläres Panorama: Blick vom Bellevue auf den Zürichsee

ten Altstadt betrachten. Dabei ist Zürich auf den ersten Blick einfach nur schön und sauber, bei »Kaiser-Wetter« gar zauberhaft! Denn dann liegt eine Mischung aus Postkartenglanz, Sonntagsgefühlen und Fernweh in der Luft. Natürlich ist das noch nicht Zürich – aber ein Teil davon: nämlich eine hinter der Patina wohlerzogener Schönheit sich verbergende Gegensätzlichkeit. Denn Zürich ist eine Stadt, in der Idyll und Realität aufs kurioseste und härteste zusammentreffen, die ihre Geschicke wie ihre Emotionen den Schnellurteilenden verschließt und ihr wahres Gesicht erst auf den zweiten Blick preisgibt. Das tun andere Städte natürlich auch, aber Zürich nimmt zweifellos eine Sonderrolle ein: In seiner Verschlossenheit verbirgt es seine fast holzige Toleranz, und in seiner vorbildhaften demokratischen Tradition blitzt manchmal seine eidgenössische Engstirnigkeit hervor. Aber genau diese Mischung macht Zürich aus. Das Kleine und das Große, das Dorf und die Welt, das »Städtchen«, wie es **Max Frisch** (1911–1991) nannte – Kleintropolis.

Der Zaubersee

Aus der Vogelperspektive wäre sofort zu erkennen, daß Zürich von drei Gewässern geprägt wird. Von seinem See und von seinen zwei Flüssen, der **Limmat** und der kleineren, oft nicht beachteten **Sihl**. Die Quaibrücke, die die Mündung der Limmat in den Zürichsee überspannt, ist sicher-

Tickt für Schweizer Präzision: Uhr in der Bahnhofstraße

lich die beste Freilichttribüne, um dem Naturschauspiel des Sees und seinen Lichtmetamorphosen zuzuschauen. Er ist an dieser Stelle nicht breiter als ein großer Fluß, die an seinen Flanken verlaufenden Hügel sind von unzähligen Einfamilienhäusern, Villen und Kirchtürmen übersät. An beiden Ufern Wiesenoasen, Trauerweidenbuchten, alte hölzerne Badeanstalten und auch seltsame Kunstwerke wie die rostige »Heureka«-Maschine von **Jean Tinguely** am Zürichhorn. Schon **Friedrich Gottlieb Klopstock** kam 1750 nicht umhin, der ungeheuren Lichtkraft des Sees eine pathetische Ode zu widmen: »Schön ist, Mutter Natur, deiner Erfindung Pracht…«

Jedem Wetter trotzt er seine Schönheit ab, poetisiert selbst den tristesten Nieselregen, macht aus Nebel eine kleine Thomas-Mann-Novelle und gipfelt bei Föhn, der vielleicht eigensten Zürcher Wetterstimmung, in einen fast überirdischen Lichtglanz, in eine Transparenz, die die Kulisse des nahen Schneegebirges wie eine Kamera zum Greifen nah heranzoomt. Eine Wetter-Apotheose, die die Zürcher – wie sie sich (ohne »i«) nennen – allerdings auch ein wenig aus der Bahn wirft: Sie beschweren sich dann über Kopfschmerzen, und die Verkehrsunfälle steigen.

Keine Frage, dem See verdankt Zürich seine Existenz. Er war schon in prähistorischer Zeit dicht besiedelt, die **Römer** errichteten auf der nahe gelegenen Anhöhe des **Lindenhofs** eine Zollstation, und den Kaisern des Heiligen Römischen Reiches Deutscher Nation war die Stadt ein wichtiger Knotenpunkt zwischen dem Süden und Norden Europas, was die Zürcher auch zur Vorsicht veranlaßte, denn noch bis in die napoleonische Ära war eine Kriegsmarine aktiv. Die mit dem 18. Jahrhundert einsetzende Naturbegeisterung verdrängte zunehmend die politischen und wirtschaftlichen Interessen am See, der sich von da an zu dem entwickelte, was er heute ist: einem Ort der Kontemplation und Erholung. Heute tummeln sich Surfer, Segler und Schwimmer im Wasser, Passagierschiffe ziehen gemächlich ihre Bahn, und Spaziergänger genießen am Ufer das einzigartige Panorama. Aber auch die schön-

sten Ausflüge führen über den See, beispielsweise zum **Pfannenstiel**, wie sich der rechtsufrige Höhenzug nennt, der mit seinen Naturterrassen und Wäldern auch Max Frisch immer wieder zum Wandern bewog. Die Begeisterung für den Zürichsee hat, wie schon gesagt, Tradition: Bereits im 19. Jahrhundert empfahl **Gottfried Keller** in der ersten Fassung seines Bildungsromans »Der grüne Heinrich«: »Man besteige das Schiff zu Rapperswil, dem alten Städtchen unter der Vorhalle des Urgebirges, wo sich Kloster und Burg im Wasser spiegeln, fahre an Huttens Grabinsel vorüber, zwischen den Ufern des länglichen Sees, wo die Enden der reichschimmernden Dörfer in einem zusammenhängenden Kranze sich verschlingen, gegen Zürich hin, bis, nachdem die Landhäuser der Zürcher Kaufleute immer zahlreicher wurden, zuletzt die Stadt selbst wie ein Traum aus den blauen Wassern steigt und man sich unvermerkt mit erhöhter Bewegung auf der grünen Limmat unter den Brükken hinwegfahren sieht.«

Der Fluß durch das Herz der Stadt

Pfeilgerade und flaschengrün durchströmt die Limmat das Herzareal Zürichs, das linksufrig – zwischen Limmat, Bahnhofstraße und Münsterhof – **Altstadt** genannt wird und rechtsufrig ansteigend Ober- und Niederdorf heißt. Die völlig intakte mittelalterliche Bausubstanz gibt sich auf beiden Seiten prunklos, ja zurückgenommen. Zürich zeigt sich bescheiden, wo es am eitelsten ist. Kein Haus sticht gegen das andere hervor, die Makulatur der Fassaden ist unaufdringlich. Obgleich alles mit viel Sorgfalt geliftet ist, wirkt es maßvoll, so daß es zunächst einmal die Kirchtürme sind, an denen das Auge haften bleibt. Zur Linken der dünne Turm des **Fraumünsters** und der der ältesten Kirche Zürichs: **Sankt Peter**. Zur Rechten der kleine spitze Dachaufsatz der **Wasserkirche**, die der Legende nach an dem Ort errichtet wurde, wo der römische Legionär Felix und seine Schwester Regula sowie ihr Diener Exuperantius den Märtyrertod erlitten. Im Siegel der Stadt sind die drei Enthaupteten abgebildet. Auch der Bau des ebenfalls rechts der Limmat stehenden **Grossmünsters** geht auf dieselbe Legende zurück. Danach sollen sich die drei nach der Hinrichtung erhoben und, geführt von Engeln, auf einen vierzig Schritte entfernten Hügel begeben haben, wo sie beigesetzt wurden. Auf angeblichen Befehl Karls des Großen entstand über ihren Gräbern das spätere Grossmünster, wo der Lehrmeister der Stadt, **Huldrych Zwingli** (1484–1531), seine reformatorischen Ideen entwickelte und von der Kanzel aus in die Welt trug.

Dichter und Flaneure

Unterhalb der Kirchtürme verästelt sich und pulsiert, wie es dem Herzen der Stadt zukommt, das Limmat-Leben: ein Wust aus Gassen, kleinen, versteckten Plätzen, unzähligen Restaurants, Apéro- und Sektbars sowie Geschäften. Ein Paradies für Einkäu-

Stolzer Ausdruck bürgerlicher Behaglichkeit: Haus am Münsterhof

fer, Straßenkünstler und Flaneure. Bei so manchem Geschäft drängt sich allerdings auch das Bild der Geldwaschanlage auf, denn in einer derart sauberen Stadt muß wohl auch so manches Geld gewaschen werden. Die noblen Paläste der Banken, Versicherungen und der Politik, die sich ebenfalls hier befinden, scheinen diesen Verdacht Lügen zu strafen. Von den strengen Zürcher Sitten ist allerdings nur hinter den Fassaden etwas zu spüren.

Draußen gibt sich das Leben südlich, barock, eher katholisch, wozu sicherlich im nicht geringen Maße die Kinder der Gastarbeiter beigetragen haben. Aber auch die »Züri-brännt«-Jugend der achtziger Jahre mit ihrer wütenden dadaistischen Kraft (»Macht aus dem Staat Gurkensalat«, »Weg mit den Alpen, freie Sicht aufs Mittelmeer«) hat hier vieles aufgemischt und Grenzen gesprengt. Schließlich auch der breite Strom von Emigranten während des Ersten und Zweiten Weltkrieges, der diesen Teil des Landes mit Geschichten, Fama und Lebendigkeit durchtränkt hat. Ob es nun **Thomas Mann** war, der am liebsten ins feine Baur au Lac ging, oder **Lenin**, der in Altstadtbeizen saß, bevor er den Zug nach Petrograd nahm und die Welt veränderte. Ob der Nobelpreisträger **Elias Canetti** oder **Bertolt Brecht**, **Else Lasker-Schüler**, **Richard Wagner**, **James Joyce** oder **C. G. Jung**: Sie alle gehören zu den zahllosen Künstlern und Wissenschaftlern,

für die Zürich, und vor allem die Altstadtquartiere, für kurze oder lange· Zeit zur zweiten Heimat wurde.

Zwei Seiten einer Stadt

Man sollte sich jedoch darüber im klaren sein, daß dies nur die eine Seite der Stadt, der eher anständige und wohlhabende Teil Zürichs ist. Demjenigen, der in Zürich nur im Niederdorf, in der Altstadt und am See herumschlendert, kann die Stadt sehr schnell wie eine einzigartige, recht teure Oase des Wohlstands vorkommen – von sozialen Problemen oder von der berüchtigten Drogenszene ist weit und breit nichts zu sehen. Und liegt unser Hotelzimmer durch Zufall neben dem eines Waffenhändlers, so werden wir das nicht bemerken, da dieser nicht auffällt. Die Stadt des Geldes hat sich ihr Zentrum eingerichtet, und manchmal scheint es so, als befände sich hier der Kurort der Weltfinanzen. Um das andere Zürich kennenzulernen, muß man sich dorthin begeben, wo das dritte Gewässer fließt: die **Sihl**.

Die Sihl ist ein Wildfluß aus dem Sihltal, das **Salomon Gessner** im 18. Jahrhundert zu einigen seiner damals sehr erfolgreichen, im Geist der Zeit pastoral gefärbten Geschichten inspirierte. Im heutigen Stadtgebiet markiert der Fluß jedoch die Grenze zu einem ganz und gar unidyllischen, dafür aber um so interessanteren Zürich.

Das sündige Zürich

Während auf der Limmat-Seite die bürgerliche Welt und das Großkapital gedeihen, blühen hier seit Beginn der Industrialisierung die **Arbeiterviertel**. Und während es auf der anderen Seite anständig zugeht, gibt sich die **Aussersihl** ausufernd und ungezähmt. Schon Goethe, der an einem Donnerstagmorgen 1775 auf dem Zürichsee kalauerte: »Ohne Wein kan's uns auf Erden/ Nimmer wie dreyhundert werden/ Ohne Wein und ohne Weiber/ Hol der Teufel unsere Leiber«, verursachte hier einen Skandal, als er sich nackt in die Sihl warf und von Einheimischen mit Steinen beworfen wurde.

Aber auch heute noch steht die Aussersihl mit ihren Quartieren für das Revolutionäre und Sündige. Hier entstand die Zür-cher Sozialdemokratie, und hier ist auch das **Rotlichtviertel** zu Hause. Die »Zürcher Bewegung« von 1980/1982 nahm von hier ihren Ausgang, und auch die Gastarbeiter ließen sich hier nieder, mit der Folge, daß dieser Teil der Stadt nicht protestantisch, sondern katholisch ist. Wer gute italienische oder spanische Restaurants sucht, muß also in dieses Viertel kommen. Aber auch wer mit eigenen Augen sehen will, wie viele unterschiedliche Kulturen zu einem nicht einfachen, aber doch konstruktiven Zusammenleben gefunden haben, sollte sich von seiner Neugierde treiben lassen. Zu erwähnen ist allerdings auch, daß die Aussersihl das nicht ganz ungefährliche Zentrum der Drogenszene ist, die neben der Wirtschaftskriminalität zu den Kardinalproblemen der Stadt gehört.

Bei den ersten Sonnenstrahlen füllen sich die Straßencafés

Demokratische Tradition und Tugenden

Das von den Bomben zweier Weltkriege verschonte Zürich ist schon rein städtebaulich ein Musterbeispiel organischen Zusammenwachsens. Wie Baumringe legen sich die Baustile bis in die heutige Zeit um ihren mittelalterlichen, perfekt erhaltenen Kern. Es ist, als hätte jedes Haus und jeder Stil den ihm gebührenden Platz wie in einem Besteckkasten zugewiesen bekommen, was sicherlich auch ein Bild für den introvertiertesten Liberalismus ist, den es in Europa gibt und den die Zürcher bestens zu pflegen wissen: die Mischung aus prunklosem Reichtum, zwinglianischer Erziehungsstrenge, zögerlicher Offenheit Zuwanderern gegenüber und einer Assimilationskraft, wie sie sich jenseits der Sihl zeigt.

Enge und Weite: das Zürcher Gemisch

Kein Wunder, denn seit dem Mittelalter hat sich die Stadt fast beneidenswert ungestört, zumindest im Vergleich zu anderen europäischen Städten, ihre demokratische Tradition buchstäblich Baustein für Baustein erkämpft. Und dieser Mikrokosmos führt noch heute sein ganz besonderes Eigenleben.

So ist Zürich, gerade durch seine von Schönheit überdeckte Ambivalenz, für den Durchreisenden wie für den Länger-Bleibenden, für den reinen Kulturliebhaber wie für den natursüchtigen Misanthropen, aber auch für den Erkunder städtischer Gegensätzlichkeiten wie für den lässigen Flaneur ein klein-großes mitteleuropäisches Stadtereignis, das man sich nicht entgehen lassen sollte.

LESETIP

Ich bin jung und reich und gebildet; und ich bin unglücklich, neurotisch und allein. Ich stamme aus einer der allerbesten Familien des rechten Zürichseeufers...« So beginnt die Lebensgeschichte **Mars**, die ein junger Schweizer, Millionärssohn und Gymnasiallehrer, in den siebziger Jahren unter dem Pseudonym **Fritz Zorn** schrieb. Sein Buch ist die erbitterte Kritik eines Todkranken – er ist mit 32 Jahren an Krebs gestorben – an seiner sozialen Herkunft. Er rechnet ab mit dem Leben, das er nicht gelebt hat. Im Sterben setzt er sich zum ersten Mal zur Wehr. Ein Blick hinter die Kulissen von Zürichs Goldküste.

In der Stadt der Banken darf auch die Börse nicht fehlen

Eigentlich müßte man sich Zürich per Schiff über den See nähern. Kommt man von Norden, hält die Stadt ihre wahre Schönheit bis zuletzt verborgen.

Mit dem Auto

Da Zürich am Knotenpunkt dreier Autobahnen liegt, ist die Stadt aus allen Richtungen gut zu erreichen. Zuvor muß jedoch an der Grenze eine Vignette (40 sfr) für die Autobahnbenutzung gekauft werden. Will man sich damit nicht lange aufhalten, kann man die Vignette auch an deutschen Postämtern und bei den Automobilklubs kaufen – auf diese Weise können Sie eventuelle Staus am Grenzübergang vermeiden. Die Vignette muß sichtbar an die Windschutzscheibe geklebt werden und gilt für das laufende Kalenderjahr. Wer keine Vignette hat, zahlt ein Bußgeld von 100 sfr. Das Tempolimit auf den Autobahnen liegt bei 120 km/h, auf Landstraßen bei 80 km/h und in Ortschaften bei 50 km/h.

Mit der Bahn

Machen Sie es wie der Kunsthistoriker Heinrich Wölfflin, der 1924 in Zürich als Dozent lehrte, und nehmen Sie den Zug:

Oben Zugverkehr, unten Shopping: Hauptbahnhof mit Einkaufspassage

»Schon die Ankunft für den Reisenden ist einzigartig: Der Bahnhof bezeichnet in idealer Weise einen wirklichen Anfang und Eingang. Er hat im Rücken nichts als eine unbewohnte Landspitze, und der stadtauswärts Aussteigende wird gleich von einer Straße aufgenommen, die trotz des wenig ansprechenden Namens **Bahnhofstraße** die Hauptstraße der Stadt ist. Und nun glaubt der Fremde, radial einer dichteren Stadtmitte zugeführt zu werden, statt dessen geschieht das Unerwartete, daß er, ohne daß die Straße aufhörte, eine elegante Geschäftsstraße zu sein, nach einer Viertelstunde ins Freie entlassen wird: Ein See tut sich auf, mit weiten Uferanlagen, und am Ende des Sees stehen die Schneeberge!«

Die Schweizer verfügen über eines der bestausgebauten Zugnetze in Europa. Bahnfahren ist günstig, schnell und zuverlässig. Wer häufig mit dem Zug fährt, sollte sich ein **1/2-Preis-Abonnement** (150 sfr) kaufen, mit dem man auf allen Strecken zum halben Preis fährt. Auch die Zürcher Verkehrsmittel können damit vergünstigt benutzt werden (20–30 Prozent). An den Fahrkartenautomaten in der Stadt muß in diesem Fall die Taste »1/2« gedrückt werden. Die Schweiz ist ein kinderfreundliches Bahnland: Kinder reisen in der Familie gratis mit, wenn man eine Familienkarte (20 sfr) besitzt (2 Jahre gültig). Aus Deutschland fahren im Ein- bis Zwei-Stunden-Takt ICE/IC-Züge bis Zürich.

Am Flughafen Zürich-Kloten

Mit dem Flugzeug

Die Lufthansa bietet mehrmals täglich Direktflüge zwischen Zürich-Kloten und mehreren deutschen Städten (achten Sie auf die vergünstigten Flieg&Spar-Angebote).

Unter dem Flughafen, der etwa zehn Kilometer vom Stadtzentrum entfernt in Kloten liegt, befindet sich ein unterirdischer Bahnhof. Von dort aus verkehren in kurzen Abständen Züge zum Zürcher Hauptbahnhof (die Fahrzeit beträgt nur 10 Minuten, der Preis zur Zeit 5,10 sfr). Die Läden am Flughafen sind von 8–22 Uhr geöffnet, die Banken von 6–22 Uhr. Für eine Taxifahrt vom Flughafen in die Innenstadt müssen Sie etwa 50 sfr veranschlagen.

Ein Auto ist in Zürich eher überflüssig. Vor allem die Straßenbahnen (Tram) sind preisgünstig und schnell, Parkplätze dagegen Mangelware.

Auto

Wenn es für Sie zwingende Gründe gibt, doch mit dem Auto anzureisen, ist es ratsam, sich schnellstmöglich ein Parkhaus zu suchen und auf die Tram umzusteigen. Denn das Zentrum der Stadt Zürich ist für den Autoverkehr weitgehend gesperrt oder nur beschränkt zugänglich.

Bei den Polizeistationen gibt es für motorisierte Besucher der Stadt, die partout nicht auf ihren Wagen verzichten können oder wollen, eine Broschüre mit aktuellen Hinweisen. Achtung für Autofahrer: Schienenfahrzeuge haben grundsätzlich, also auch auf gleichberechtigten Straßen, Vorfahrt!

Parkhäuser im Zentrum

Parkhaus Hohe Promenade, Rämistraße 22a
Parkhaus Sihlquai, Sihlquai 41
Parkhaus Urania, Uraniastraße 3
Parkhaus Utoquai, Färberstraße 6
Auch die Kaufhäuser Globus und Jelmoli haben Parkhäuser. Die Parkgebühren betragen werktags für eine Stunde 2 sfr, für zwei Stunden 5 sfr und pro Tag 36 sfr. Am Wochenende und nachts wird es billiger (pro Stunde 1 sfr).

Öffentliche Verkehrsmittel

Alle Verkehrsmittel sind im Zürcher Verkehrsverbund zusammengeschlossen. Das Netz der **Trambahnen** und **Busse** ist sehr engmaschig. Die Straßenbahnen und Busse verkehren zwischen 5.30 und 24 Uhr, während der Hauptverkehrszeit sogar im Sechs-Minuten-Takt. Mit einer Tageskarte, die 6,80 sfr im Innenstadtbereich kostet, können Sie sie rund um die Uhr benutzen. An allen Haltestellen sind Fahrschein-Automaten aufgestellt, die Wechselgeld herausgeben. In den Straßenbahnen und Bussen selbst werden keine Fahrscheine verkauft. Wer beim Schwarzfahren erwischt wird, muß 50 sfr zahlen.

Die Fahrausweise sind für alle Zürcher Verkehrsmittel (Tram, Bus, S-Bahn, Schiff, Luftseilbahn und Bergbahn) in der gewählten Tarifzone gültig. Wer längere Zeit in Zürich ist, sollte sich das sogenannte **Regenbogenabonnement** kaufen, eine Monatskarte, die 68 sfr kostet und für alle Verkehrsmittel im Stadtbereich gilt. Seit 1990 gibt es ein großes S-Bahn-Netz. Die S-Bahn führt schnell und bequem aus der Stadt hinaus.

Ausflug mit frischer Brise: Raddampferfahrt auf dem Zürichsee

Bergbahnen

Die **Dolderbahn** fährt alle 10 Minuten ab Römerhofplatz (Tram 3, 8, 15) ins Dolder-Naherholungsgebiet auf dem Zürichberg, die **Polybahn** ab Central (Tram 3, 4, 6, 7, 10) zur Polyterrasse (Aussichtsterrasse der ETH) und die **Seilbahn Rigiblick** von der Universitätsstraße (Tram 9, 10) zum Aussichtspunkt Rigiblick. Zum Hausberg der Zürcher bringt Sie die **Uetlibergbahn** (Abfahrt alle halbe Stunde am Bahnhof Selnau, Tram 8). Oben genießen Sie eine phantastische Aussicht.

Nachtbusse

Nachtbusse fahren samstags und sonntags ab Bellevue in verschiedene Richtungen, die Abfahrt ist jeweils um 1, 1.30 und 2 Uhr.

Schiffe

Die **Limmatschiffe** fahren von April bis Oktober nachmittags alle 30 Minuten vom Landesmuseum am Platzspitz bis zum Zürichhorn. In denselben Monaten verkehren die Schiffe auf dem **Zürichsee**, Abfahrt am Bürkliplatz. Es werden auch Rundfahrten angeboten. Zu den besonderen Attraktionen zählen Ausflüge mit dem **Raddampfer**. Auskunft erhalten Sie im Verkehrsbüro oder bei der Zürichsee-Schiffahrtsgesellschaft (Tel. 4 82 10 33).

TOP TE 1

Taxi

Taxifahren ist in Zürich keine billige Angelegenheit. Nach der Fahrt ins Hotel können Sie getrost darauf verzichten. Alle angemeldeten Taxis haben ein blauweißes Schild.

Nur die Tram darf durch die berühmte Bahnhofstraße fahren

n und um Zürich haben Sie die Qual der Wahl zwischen etwa 150 Hotels. Egal, ob Sie sich für ein Grandhotel oder eine einfache Pension entscheiden: Der Service ist meist exzellent.

»Die Schweiz hat unstreitig die besten Gasthöfe der Welt«, schrieb schon einer der Urväter der Reiseführerliteratur, der Deutsche Karl Baedeker 1844 in seinem ersten Reisebuch über die Schweiz.

Guter Service hat Tradititon

Und in der Tat: Das Hotel scheint eine schweizerische Erfindung zu sein, so perfekt ist der Service in den meisten Zürcher Hotels. An der Spitze liegen natürlich die traditionellen Luxushotels wie das **Baur au Lac**, **Savoy Baur en Ville**, **Eden au Lac** und das **Dolder Grand Hotel**. Daneben gibt es zahlreiche komfortable Hotels der Mittelklasse, die nicht gerade preiswert sind, doch einen hohen Standard aufweisen. Ein Angebot von guten, preiswerten Hotels fehlt fast völlig.

Hotels direkt am See (ohne vielbefahrene Straße dazwischen) liegen leider etwas außerhalb der Stadt in Küsnacht und Erlenbach. Wer jedoch im Sommer nach Zürich kommt und den Stadtbesuch mit einem See-Badeurlaub verbinden möchte, ist hier an der richtigen Adresse, denn die S-Bahn sichert die Verkehrsanbindung an die Stadt.

Reservierung und Auskunft

Die meisten Zürcher Hotels bieten ein **Frühstücks-Büffet** an, das im Übernachtungspreis eingeschlossen ist. Will man sein Zimmer rechtzeitig reservieren, kann man das – außer bei den Hotels direkt – auch beim Zürcher Verkehrsverein erledigen. Dieser verschickt außerdem kostenlos eine vollständige Hotelliste (→ Zürich von A bis Z, Auskunft, S. 116). In der Halle des Hauptbahnhofs befindet sich eine elektronische Anlage, von der aus man die verschiedenen Hotels der Stadt kostenlos anrufen kann.

Preisklassen

Die Preise gelten für eine Übernachtung im Doppelzimmer für zwei Personen, in der Regel mit Frühstück. Sämtliche Hotels akzeptieren die gängigen Kreditkarten (AE, DC, EC, Visa). Lediglich das Hotel Otter nimmt nur AE oder Visa an.
Luxusklasse ab 480 sfr
Obere Preisklasse ab 350 sfr
Mittlere Preisklasse ab 200 sfr
Untere Preisklasse ab 100 sfr

WILLKOMMEN IN ZÜRICH

Hotels

Baur au Lac ■ C 3
Seit 150 Jahren im Familienbesitz, gehört dieses Hotel mit seiner ausgezeichneten Lage zwischen Bahnhofstraße und See zu den besten der Stadt. Das Frühstück wird in einem wunderschönen Pavillon zwischen dem parkartigen Garten und dem Schanzengraben serviert. Schon Richard Wagner und Franz Liszt, aber auch John Lennon stiegen in dem Traditionshaus ab. Thomas Mann pries es als ein »wahrhaft wirtliches Haus«.
Talstr. 1
Tel. 2 20 50 20, Fax 2 20 50 44
126 Zimmer
Luxusklasse

TOPTEN 9

Dolder Grand Hotel
Das 1899 eröffnete Hotel thront hoch über Zürich, zwischen Wald und 9-Loch-Golfplatz. Wer sportliche Aktivitäten mit dem Flair eines Grandhotels verbinden will, ist hier genau richtig. Schon die Anfahrt mit der Dolderbahn entführt den Gast hinauf in eine andere Welt. Der Blick über den See und die Stadt ist spektakulär. Nicht nur Stammgäste steigen hier gerne ab.
Kurhausstr. 65
Tel. 2 51 62 31, Fax 2 51 88 29
182 Zimmer
Luxusklasse

Eden au Lac ■ E 4
Als das Hotel 1908 als Pension am See eröffnete, muß es eine wahre Pracht gewesen sein, denn auch heute ist das Lieblingshotel von Ella Fitzgerald noch von beeindruckender Präsenz – mit dem einzigen Nachteil, daß eine laute Straße das Hotel vom See trennt. Doch der Blick aus den geräuschisolierten Zimmern über die glitzernde Wasseroberfläche ist nach wie vor berauschend. Die Atmosphäre ist fast familiär, und im Restaurant sollten Sie das Aga-Khan-Menü bestellen.
Utoquai 45
Tel. 2 61 94 04, Fax 2 61 94 09
56 Zimmer
Luxusklasse

Haus zum Kindli ■ C 2
Das Stadthaus aus dem 16. Jh. liegt in der Altstadt links der Limmat. Die Zimmer sind im englischen Stil eingerichtet. Im Restaurant Opus finden Kulturveranstaltungen statt.
Pfalzgasse 1
Tel. 2 11 59 17, Fax 2 11 65 28
21 Zimmer
Mittlere Preisklasse

Opera ■ E 4
Wer direkt nach der Oper ins Bett fallen will und sich an dem plüschigen Ambiente der 60er Jahre nicht stört, ist hier richtig aufgehoben.
Dufourstr. 5
Tel. 2 51 90 90, Fax 2 51 90 01
70 Zimmer
Mittlere Preisklasse

Otter ■ D 3
Kleines, unkonventionelles Haus im Oberdorf. Die originellen Dekorationen, die gute Lage und die günstigen Preise ziehen vor allem junge Leute an.
Oberdorfstr. 7/Weite Gasse 10
Tel. 2 51 22 07, Fax 2 51 22 75
17 Zimmer
Untere Preisklasse

Rössli ■ D 3
Das kürzlich renovierte Altstadthotel im Oberdorf besitzt nur wenige Zimmer und eine familiäre Atmosphäre. Das Highlight ist die Suite mit Dachterrasse.
Rössligasse 7
Tel. 2 52 21 21, Fax 2 52 21 31
13 Zimmer
Mittlere Preisklasse

Romantikhotel Florhof ■ E 2

Es ist ein kleines Refugium mitten in der Stadt in einem Patrizierhaus aus dem 16. Jh. Seit seiner liebevollen Renovierung 1994 verbinden die historischen Zimmer individuelle Behaglichkeit und Eleganz mit dem dezenten Komfort eines kleinen Stadthotels. Obwohl das Haus ausgesprochen ruhig liegt, hat man es von hier nicht weit zum Theater, zur Kunsthalle und in die Altstadt. Auf der Sonnenterrasse kann man so manchen Sommertag genießen. Im Restaurant (mit Terrasse) wird ausgezeichnetes Essen serviert. Freundlicher und kompetenter Service. Mitglied der Romantikhotels.
Florhofgasse 4
Tel. 2 61 44 70, Fax 2 61 46 11
33 Zimmer
Mittlere Preisklasse

TOPTEN 4

Wer hier wohnt, muß sein Geld richtig angelegt haben: Eden au Lac

Rütli ■ D 1

Modernes, kleines Stadthotel in einer ruhigen Seitenstraße der Altstadt. Kein Alkoholausschank.
Zähringerstr. 43
Tel. 2 51 54 26, Fax 2 61 21 53
62 Zimmer
Untere/Mittlere Preisklasse

Savoy Baur en Ville ■ C 3

Mitten im Bahnhofstraßenviertel, umgeben von Banken und eleganten Geschäften, dominiert das Gebäude, das Ende der 70er Jahre völlig neu aufgebaut wurde, den Paradeplatz. In der Mitte des 19. Jh. ließ es der Hotelier Baur errichten. Später kam auf seine Initiative am See eine zweite Residenz hinzu, das Baur au Lac.
Am Paradeplatz
Tel. 2 11 53 60, Fax 2 21 14 67
112 Zimmer
Luxusklasse

Seegarten ■ E 4

Kleines, angenehmes Hotel mit Stil, nicht weit von Oper und See.
Seegartenstr. 14
Tel. 3 83 37 37, Fax 3 83 37 38
28 Zimmer
Mittlere Preisklasse

Seidenhof ■ C 2

Nahe der Bahnhofstraße; renoviert im funktionalen, modernen Stil. Kein Alkoholausschank.
Sihlstr. 9
Tel. 2 11 65 44, Fax 2 12 01 48
85 Zimmer
Mittlere Preisklasse

Splügenschloss ■ B 4

Ein kleines Stadtpalais aus dem 19 Jh. im Stadtteil Enge. Zentral und doch ruhig gelegen.
Splügenstr. 2
Tel 2 01 08 00, Fax 2 01 42 86
54 Zimmer
Mittlere/Obere Preisklasse

WILLKOMMEN IN ZÜRICH

Tiefenau ■ E 3

In einer stillen Seitenstraße, nicht weit vom Schauspielhaus, bietet das Tiefenau behaglich plüschiges Ambiente. Im Sommer trifft man sich im Gartenrestaurant und auf der Sonnenterrasse.
Steinwiesstr. 8–10
Tel. 2 51 24 09, Fax 2 51 24 76
30 Zimmer
Mittlere/Obere Preisklasse

Uto-Kulm

Auf dem Uetliberg bietet das Uto-Kulm Panoramablick. Die phantastische Lage im Wald entschädigt für die umständliche Anfahrt mit der Uetlibergbahn.
Uetliberg
Tel. 4 63 66 76, Fax 4 63 14 00
20 Zimmer
Untere Preisklasse

Villette ■ D 3

Im Herzen des »Dörfli« geht es turbulent zu. Dieses kleine Hotel liegt mittendrin.
Kruggasse

Tel. 2 51 23 35, Fax 2 51 23 39
14 Zimmer
Untere Preisklasse

Waldhaus Dolder

Nicht zu verwechseln mit dem Grandhotel, thront das Waldhaus nur auf halber Höhe des Zürichberges, ragt aber trotzdem hoch hinaus und gewährt ebenfalls einen grandiosen Blick über See und Stadt.
Mit Schwimmbad.
Kurhausstr. 20
Tel. 2 51 93 60, Fax 2 51 00 29
100 Zimmer
Obere Preisklasse

Wellenberg ■ D 2

Kleines Hotel in der Altstadt, modern renoviert, mit schattigem Innenhof für heiße Sommertage.
Niederdorfstr. 10
Tel. 2 62 43 00, Fax 2 51 31 30
45 Zimmer
Mittlere Preisklasse

Dezent und unprätentiös: Innenhof des Hotels Widder

Zum Storchen ∎ D 2
Die zur Limmat gerichteten Zimmer
bieten einen wunderschönen Blick
auf die Altstadt des rechtsseitigen
Ufers. Angenehme Terrasse.
Weinplatz 2
Tel. 2 11 55 10, Fax 2 11 64 51
78 Zimmer
Obere Preisklasse

Zürcherhof ∎ D 2
Einfaches Mittelklassehotel der
Altstadt.
Zähringerstr. 21
Tel. 2 62 10 40, Fax 2 62 04 84
35 Zimmer
Mittlere Preisklasse

Zürichberg
Oberhalb der Stadt, auf dem Zürich-
berg, genießen Sie den Blick und
die Ruhe im frisch renovierten
Hotel. Schöne Terrasse. Kein Alko-
holausschank.
Orellistr. 21
Tel. 2 68 35 35, Fax 2 68 35 45
67 Zimmer
Mittlere Preisklasse

Hotels in der Umgebung

Erlibacherhof
Das Hotel liegt in Erlenbach am
rechten Seeufer. S-Bahn-Anschluß.
Seestr. 83
Erlenbach
Tel. 9 10 55 22, Fax 9 10 33 25
19 Zimmer
Mittlere Preisklasse

Ermitage am See
Etwas außerhalb in Küsnacht liegt
dieses Vier-Sterne-Hotel direkt am
See, mit Garten und Badeplatz.
Seestr. 80
Küsnacht
Tel. 9 10 52 22, Fax 9 10 52 44
26 Zimmer
Mittlere Preisklasse

Sonne
Alte Villa direkt am See.
Seestr. 120
Küsnacht
Tel. 9 10 02 01, Fax 9 10 02 52
25 Zimmer
Untere Preisklasse

DER BESONDERE TIP

Widder Mitten in der Zürcher Altstadt eröffnete 1995
ein neues Luxushotel. Aus acht mittelalterlichen
Häusern wurde ein Gesamtkomplex geschaffen, in
dessen Innerem die zum Teil 700jährige Geschichte der Häuser erlebbar wird. Balken, historische Mauern sowie
Malereien wurden freigelegt, Original-Stuck renoviert und Holz-
vertäfelungen restauriert. In den öffentlichen Bereichen glänzen
Chromstahl und Glas. Kein Raum gleicht dem anderen. Exklusive Ausstattung vom Biedermeier- bis zum modernen Designer-
zimmer, ein **musée imaginaire**. Ein Hotel für gutsituierte Indivi-
dualisten. Rennweg 7, Tel. 2 24 25 26, Fax 2 24 24 24, 42 Zimmer
und 7 Suiten (einige mit Dachterrasse), Luxusklasse ∎ C 2

Wenn Zürich auch wegen seiner einzigartigen Lage gepriesen wird, so ist sie es nicht allein, die die Stadt attraktiv macht.

Im Jahre 1798 beklagte Johann Caspar Heidegger, daß es Zürichs Altvätern immer an Bau- und Kunstgeschmack gefehlt habe. »Oder haben wir hier schöne alte Kirchen, Klöster, öffentliche oder Privatgebäude, die uns des Gegenteils überzeugen?« Das liegt nun fast 200 Jahre zurück. Damals war der Turm der **Fraumünsterkirche** gerade 66 Jahre alt, und Chagall war noch nicht geboren und hatte die weltberühmten Fenster in dieser Kirche noch nicht gestaltet.

Aus heutiger Sicht dürfte die Beurteilung ganz anders ausfallen. Zwar hat die Stadt immer vornehme Zurückhaltung gegenüber allem Protzigen geübt, aber das hinderte sie nicht daran, ihre künstlerische Schmuckfreude im Inneren der Häuser auszuleben: So finden sich wundervolle Prunkräume in den Zunfthäusern und im Rathaus. Doch vielleicht ist es gar nicht das, was der Tourist in Zürich sehen will. Es sind die verwinkelten Gassen, das Dörfliche der »little big city«, die den Reiz der Stadt ausmachen. Historische Bauten und Plätze liegen auf engstem Raum beieinander und können bequem zu Fuß erkundet werden. Kein Krieg hat die gewachsene Bausubstanz zerstört. Zwar erwog man in der Mitte des 18. Jahrhunderts den Abbau des Grossmünsters zugunsten eines barocken Neubaus. Und zu Beginn unseres Jahrhunderts wollte man den **Lindenhof** und die **Schipfe** überbauen – doch das alles blieben nur Pläne.

Von der Kleinstadt zur Großstadt

Die entscheidende Veränderung von der Kleinstadt zur Großstadt fand Ende des letzten Jahrhunderts statt. Ricarda Huch brachte es in ihrem 1938 erschienenen Buch »Frühling in der Schweiz« treffend auf den Punkt: »Während des letzten Jahrzehnts, das ich in Zürich zugebracht habe, 1887 bis 1896, veränderte sich seine bauliche Erscheinung in entscheidender Weise. Das Theater am See, die Tonhalle, das sogenannte rote und weiße Schloß, viele Häuser an der Bahnhofstraße entstanden… Das Zurückhaltende, Aristokratische, das allen Schweizer Städten ursprünglich eigen war, ging dadurch verloren, wenn auch nicht in dem Maße, wie es in vielen deutschen Städten nach 1870 der Fall gewesen war.«

Blickfang beim Einkaufsbummel: Skulptur an der Bahnhofstraße/Ecke Sihlstraße

ZÜRICH ERLEBEN

Arboretum ■ C 4

Direkt am See zwischen Mythenquai und General-Guisan-Quai liegt
die Parkanlage, die der Ingenieur
Arnold Bürkli (1833–1894) 1882
anlegen ließ. An ihn erinnert ein
Gedenkstein. Im Park befindet sich
ein nostalgisches Holzbad.
Tram 2, 5, 8, 9, 11 (Bürkliplatz, c 5)

Augustinergasse ■ C 2

Dort, wo die Augustinergasse von
der Bahnhofstraße zum Münzplatz
führt, herrscht Erkerromantik vor.
Seit 1445, als in der Straße noch
Handwerker lebten, heißt sie Augustinergasse. Seit dem 17. Jh. ließen
sich hier Fabrikanten nieder, die die
Gebäude mit Erkern verschönten.
Die restaurierten Häuser sind heute
Baudenkmäler, über deren jeweilige
Geschichte Tafeln informieren. Hinter der Augustinerkirche und dem
Museum Strauhof wird die Gasse
eng und winklig, bevor sie in den
weiten Platz von St. Peterhofstatt
mündet.
Tram 6, 7, 11, 13 (Rennweg, c 4)

Bahnhof Stadelhofen ■ E 3

Der spanische Architekt Santiago
Calatrava schuf 1990 dieses unkon-
ventionelle Bauwerk aus Beton, das
heute als ein geglücktes Beispiel für
moderne Architektur gilt. Unter dem
Bahnhof entstand eine Ladenpas-
sage.
Tram 11, 15 (d 5)

Bahnhofstraße ■ C 1/C 3

»Zürich ist so sauber, daß man eine
auf der Bahnhofstraße ausgeschüt-
tete Minestra ohne Löffel wieder
aufessen könnte«, schrieb James
Joyce (1882–1941). Lindenbewach-
sen und autofrei führt die Bahnhofstraße, die nach der Eröffnung des
Bahnhofs 1871 nach dem Vorbild
französischer Boulevards gestaltet
wurde, als direkte Verbindung vom
Bahnhof zum See. Nur das Klingeln
der Straßenbahnen ertönt ab und zu
auf der teuersten Meile Zürichs,
die etwas länger als 1 km ist. Vom
Bahnhof in Richtung See nimmt die
Anzahl der teuren Juweliere und
Modetempel zu. 1864 wurde hier

Hochkarätige Verführung: Auslagen eines Juweliers in der Bahnhofstraße

24

der »Fröschengraben« eingedeckt, es entstanden zunächst Wohnhäuser, dann aber bald Geschäftshäuser, die heute das Bild der Bahnhofstraße bestimmen. Leider ist die alte Bausubstanz durch viele Neubauten ersetzt worden.
Tram 3, 4, 6, 7, 11, 13

Bauschänzli   ■ D 3

Als Bastion gegen Angriffe von der Seeseite wurde das Bauschänzli 1660 in den Zürichsee gebaut. Seit 1884 trennt die Quaibrücke das »Schänzli« vom See, damals legten auch die ersten Dampfboote an. Heute ist die kleine, kastanienbaumbewachsene Insel in der Limmat im Sommer ein großer Biergarten. Im Dezember gastiert hier der Zirkus **Conelli**, dessen riesiges, beleuchtetes Zelt weithin sichtbar ist.
Tram 2, 5, 8, 9, 11 (Bürkliplatz, c 5)

Belvoirpark   ■ B 5

Im 19. Jh. entstanden in Enge und Riesbach kunstvolle Privatgärten. So ließ sich auch Heinrich Escher 1831 eine klassizistische Villa in einem großzügigen Park errichten. Der Moränenhügel, auf dem die Villa steht, wurde terrassenartig angelegt und mit exotischen Bäumen bepflanzt. Ab 1856 bewohnte Heinrichs Sohn Alfred (→ Escher-Denkmal, S. 26) das Haus, 1882 erbte zunächst dessen Tochter Lydia das Anwesen. Nach ihrem Freitod im selben Jahr ging es an die Gottfried-Keller-Stiftung, die das Grundstück neu bebauen lassen wollte. Dank einer Initiative konnte es erhalten bleiben und ist seit 1901 im Besitz der Stadt. Heute ist in der Villa die Hotelfachschule untergebracht, deren Köche im dazugehörigen Restaurant ihre exzellenten Kochkünste unter Beweis stellen.
Seestr. 125
Tram 7 (Billoweg, c 6)

Botanischer Garten

In einem weitläufigen Park des Bodmergutes an der Zollikerstraße wurde der neue Botanische Garten in den 70er Jahren angelegt, nachdem der zu klein geworden war (→ Park zur Katz, S. 35). Drei große Glaskuppeln und ein künstlicher See prägen das 50 000 qm große Gelände. Im Botanischen Museum der Universität kann man sich einen Überblick über die reiche Pflanzenvielfalt verschaffen.
Zollikerstr. 107
Tram 2, 4 (Höschgasse, d 5)
März–Sept. Mo–Fr 7–19, Sa und So 8–18 Uhr; Okt.–Feb. Mo–Fr 8–18, Sa und So 8–17 Uhr

Bürkliplatz   ■ C 3/D 3

Der Stadtingenieur Arnold Bürkli ließ in der zweiten Hälfte des 19. Jh. große Flächen des Sees aufschütten, schuf Parkanlagen und die Straßen in Ufernähe. So entstand 1882 zwischen Bahnhofstraße und See der nach ihm benannte Platz, wo heute die Zürichseeschiffe anlegen. Von Mai–Ende Oktober findet jeden Samstag von 6–16 Uhr ein Flohmarkt statt. Lebensmittelmarkt jeweils Di und Fr.
Tram 2, 5, 8, 9, 11; Bus 161, 165 (c 5)

Chinagarten   ■ F 6

Beim Zürichhorn am See liegt der Chinagarten, den die chinesische Stadt Kunming 1993 der Stadt Zürich schenkte. Chinesische Pavillons und Gartenarchitektur mit Föhre, Bambus und Winterkirsche (die von den Chinesen liebevoll »Drei Freunde im Winter« genannt werden) sowie mehr als 500 Landschaftsbilder und Stilleben sind zu sehen.
Bellerivestraße
Tram 2, 4 (Fröhlichstraße, e 5)
Tgl. 11–19 Uhr

ZÜRICH ERLEBEN

Eidgenössische Technische Hochschule (ETH-Polytechnikum) und Universität ■ E 1

Entworfen hat das imposante Gebäude der ETH Gottfried Semper (1803–1891), der nach dem Bau der Semper-Oper in Dresden aus Deutschland flüchten mußte, da man ihm Beteiligung an der 48er Revolution vorwarf. Er emigrierte nach Zürich, wo er fortan als Professor für Architektur lehrte. Auch Albert Einstein lehrte hier für kurze Zeit. Zwischen 1914 und 1925 wurde der Komplex umgebaut und erweitert, unter anderem kam die Kuppel hinzu. Die ETH gilt als das bedeutendste Werk des Historismus in der Schweiz. Prachtvoll ist die Aula von Semper, die bis heute unverändert erhalten ist. Von der Polyterrasse, auf der man im Sommer sitzen kann, hat man einen schönen Blick über die Stadt. In der Tiefgarage der Hochschule sind einige Werke des »Sprayers von Zürich«, Harald Naegeli, zu bewundern. Neben der ETH thront das nicht weniger eindrucksvolle Gebäude der Universität, die 1911–1914 von Hans Moser erbaut wurde. Sie ist mit ihren sechs Fakultäten und über 20 000 Studenten die größte Universität der Schweiz. Beide Hochschulen sind vom Central aus mit der Polybahn erreichbar.
Rämistr. 101/Rämistr. 71
Tram 6, 9, 10 (ETH, d 4)

Enge-Kirche ■ B 4

Im Volksmund wird sie »Sacré Cœur« von Zürich genannt, die 1894 von dem Architekten Bluntschli im Stil der italienischen Frührenaissance erbaute Kuppelkirche. Sie steht hoch oben auf einer Moränenkuppe, der Blick von dort über See und Stadt ist entsprechend großartig.
Grütlistr. 8
Tram 5, 6, 7 (Bahnhof Enge, c 4)

Escher-Denkmal ■ C 1

Es ist schon sehr imposant, wie er da steht und – mit dem Rücken zum Bahnhof – die Bahnhofstraße hinunterschaut: Alfred Escher (1819–1882), Industrieller und Staatsmann, Gründer der Schweizerischen Kreditanstalt und Initiator der Gotthardbahn. Der Bildhauer Richard Kißling schuf das Bronzedenkmal 1889.
Bahnhofplatz
Tram 3, 4, 6, 7, 10; Bus 31 (c 4)

Ein Stück Fernost in Zürich: der Chinagarten

Säulenhalle für große Geister: die Eidgenössische Technische Hochschule

Flussbad Stadthausquai ■ D 3

Das nostalgische Holzbad mitten in der Stadt ist fast ausschließlich für Frauen zugänglich. Männer dürfen nur am frühen Morgen zwischen 7.30 und 8.30 Uhr von hier aus in die Limmat springen und ein paar Runden schwimmen.
Stadthausquai
Tram 2, 5, 8, 9, 11 (Bürkliplatz, c 5)
Juni–Aug. Mo–Fr 7.30–20, Sa und So 7.30–18.30 Uhr

Fraumünster ■ C 3/D 3

Die Kirche und das Kloster wurden von den Karolingern gegründet und 853 erstmals urkundlich erwähnt. Laut Schenkungsurkunde soll König Ludwig der Deutsche das Kloster seiner Tochter Hildegard vermacht haben. Das Kloster besaß damals nicht nur riesige Ländereien, sondern auch ein eigenes Münzrecht. Die jeweilige Äbtissin hatte große Macht, die jedoch durch die Reformation beendet wurde. Auch das Kloster wurde aufgelöst, lediglich die Kirche und der Kreuzgang, der sie heute mit dem Stadthaus verbindet, blieben erhalten. Im Kreuzgang befindet sich der Freskenzyklus mit der Hirschlegende, die 1921–1941 von Paul Bodmer gemalt wurde. Die gotische Kirche mit romanischem Chor wurde oft umgebaut, dabei stieß man auch auf Fundamentreste aus dem 9. Jh. Der Glockenturm kam erst 1732 hinzu.

Das Besondere an der Kirche sind mit Sicherheit die langgezogenen Ostfenster, die Marc Chagall im Jahre 1970 schuf. In der Mitte befindet sich das 11 m hohe Christusfenster, flankiert von dem Jakobsfenster (links) und dem Zionsfenster (rechts). An der Nord- und an der Südseite liegen sich – in Entsprechung zu den Lesungen des jüdischen Gottesdienstes – die Propheten und das Gesetz gegenüber.

1978 entwarf Chagall auch die Rosette. Die Fenster des nördlichen Querhauses realisierte 1930/1945 Augusto Giacometti.
Am Münsterhofplatz
Tram 2, 6, 7, 8, 9, 11, 13 (Paradeplatz, c 4/c 5)

Friedhof Fluntern

»An Joyce' Grab verweht die Menschensprache«, dichtete Yvan Goll. Für James-Joyce-Anhänger ist dieser Friedhof ein »Muß«. Der Ire starb mit 58 Jahren am 13. Januar 1941 in Zürich an den Folgen einer Magenoperation. Erst drei Wochen vor seinem Tod war er, um den Kriegswirren in Frankreich zu entfliehen, mit seiner Familie zum dritten Mal in die Limmat-Stadt gezogen. Am 16. Juni 1966 wurde eine Bronzeplastik aufgestellt, die James Joyce auf einem Sockel sitzend zeigt: ein aufgeschlagenes Buch und eine Zigarette in den Händen. Aber auch das Grab der berühmten Brecht-Darstellerin Therese Giehse (1898–1975) befindet sich auf dem Friedhof Fluntern.
Zürichbergstr. 189
Tram 5, 6 (Zoo, f 3)

Gottfried-Keller-Denkmal ■ C 5

Zürich ist die Stadt Gottfried Kellers (1819–1890). Hier wurde er geboren, hier lebte er und war Stadtschreiber. Eine Steinplastik seines Kopfes steht mit Blick auf den See am Hafen Enge.
Mythenquai, Hafen Enge
Tram 5; Bus 161, 165 (Rentenanstalt, c 5)

Grossmünster ■ D 3

Wenn Sie das Grossmünster durch das mit romanischen Figuren geschmückte Hauptportal betreten haben, werden Sie erstaunt sein über die Karg- und Schlichtheit des wuchtigen Kirchenschiffs – ein Ergebnis

Von suggestiver Farbenpracht: die Chorfenster Marc Chagalls im Fraumünster

der Reformation: Als Huldrych Zwingli hier 1519–1531 predigte, ließ er alles, was der Kirche Glanz verlieh – wie Altäre, Bilder und Skulpturen –, entfernen.

Der Legende nach soll Karl der Große auf der Jagd einen Hirschen von Aachen bis Zürich verfolgt haben. An der Stelle des jetzigen Grossmünsters sank sein Pferd plötzlich in die Knie, um ihm zu zeigen, daß an dieser Stelle ein Märtyrer begraben sei (→ Wasserkirche, S. 38). Karl habe die Gebeine heben lassen und Kirche sowie Propstei des Grossmünsters gestiftet. Im Südturm erinnert ein steinernes Denkmal an sein Wirken. Es ist jedoch nur eine Kopie, das Original befindet sich in der Krypta.

Mit dem Bau des Grossmünsters, wie wir ihn heute sehen, wurde im 11./12. Jh. begonnen (Krypta und Chorunterteile), der Ausbau erfolgte unter Hans Waldmann Ende des 15. Jh. 1763 brannte der Glockenturm aus, den heutigen Aufbau bekamen die Türme 1783–1787. Die Zwillingstürme, die drei verschiedene Baustile aufweisen, sind das Wahrzeichen Zürichs. Die drei unteren Geschosse sind romanisch, darüber folgt ein spätgotisches Geschoß (1490–1492), und die Spitze zieren Achteckhauben, ein frühes Beispiel der Neugotik.

Der älteste Teil der Kirche ist die romanische dreischiffige Hallenkrypta, die 1107 geweiht wurde. Kaum beachtet, aber doch sehr interessant sind die Reste der figurenreichen romanischen Kreuzgangs des Chorherrenstifts aus dem 12. Jh., der eine phantastische Tierwelt zeigt: Affen, Löwen und Drachen mischen sich mit Halbmenschen und mehrköpfigen Wesen – Schmuckelemente des Mittelalters in einer ansonsten streng puritanischen Umgebung. Seit der Reformation erfüllt der Kreuzgang nicht mehr seinen ursprünglichen Zweck, die Welt des Mönchtums verschwand in Zürich. In das Chorherrenstift zog die theologische Akademie, die Keimzelle der Zürcher

Prunklos schlicht und streng puritanisch: das Grossmünster

Universität. 1849 wurde das Gebäude abgerissen. Beim Bau einer Mädchenschule (1851) integrierte man einen Teil des Kreuzganges in den Neubau (Zugang links vom Nordportal).
Zwingliplatz
Tram 4, 15 (Helmhaus, d 4)

Hauptbahnhof ■ C 1

1871 wurde der Bahnhof, der heute als einer der schönsten Europas gilt, eingeweiht. Über dem monumentalen Tor an der Südseite des neoklassizistischen Baus, das sich zur Bahnhofstraße hin öffnet, thront Helvetia. Ende der 70er Jahre wurde der Komplex grundlegend renoviert und damit zum Verkehrsknotenpunkt der Stadt, im Untergeschoß wurde die Ladenstraße namens Shop-Ville errichtet. Die große Bahnhofshalle wird dominiert von einer Neonplastik des Künstlers Mario Merz. Mehrere Cafés und Restaurants laden zum Verweilen ein.

Haus zum Rechberg ■ E 2

Am Hirschengraben, dem alten Stadtgraben, liegt der bedeutendste Rokokobau Zürichs, ein Privatpalais, das 1759 für den Zunftmeister Johann Caspar Werdmüller erbaut wurde. Der Architekt war David Morf, der auch schon das Zunfthaus zur Meisen geschaffen hatte. Während der napoleonischen Kriege bot das Haus Quartier für durchreisende Fürsten und Generäle. 1815 logierte hier der österreichische Kaiser Franz I. Seit 1899 gehört das Haus dem Kanton Zürich und wird zu Repräsentationszwecken genutzt. Rechts neben dem Haus führt ein schmiedeeisernes Rokokoportal in den öffentlichen, terrassenartig angelegten Garten, im Sommer ein angenehmer Aufenthaltsort.
Hirschengraben 40
Tram 3; Bus 31 (Neumarkt, d 4)

Heidi-Weber-Haus
(Le-Corbusier-Haus) ■ E 5

Das eindrucksvolle Glas-Betonhaus im Zürichhornpark wurde 1967 von Heidi Weber nach einem Entwurf des Schweizer Architekten Le Corbusier (1887–1965) erbaut. Hier werden Wechselausstellungen gezeigt, aber auch das graphische Werk von Le Corbusier ist zu sehen.
Höschgasse 8
Tram 2, 4 (Höschgasse, d 5)
Juli–Sept. Do–So 14–17 Uhr

Helmhaus ■ D 2

Es scheint mit der Wasserkirche verwachsen zu sein, das Helmhaus (helmen = schützen) im spätbarockklassizistischen Stil aus dem Jahr 1794. In zehn bis zwölf Wechselausstellungen jährlich wird hier zeitgenössische Schweizer Kunst präsentiert.
Limmatquai 31
Tram 4, 15 (Helmhaus, d 4)
Do–So 12–24 Uhr

Hirschenplatz ■ D 2

Auf dem Hirschenplatz im Niederdorf ist immer etwas los. Schon 1915 trat im Gasthof Hirschen der Kulturkritiker und Dadaist Hugo Ball auf, der aus Berlin in die Schweiz emigriert war. Am Hirschenplatz mündet die Spitalgasse in die Niederdorfstraße. Zwischen Kinos, Kneipen und Boutiquen trifft man hier im Sommer auch viele Kleindarsteller.
Tram 4, 15 (Rudolf-Brun-Brücke, d 4)

Kirchgasse ■ D 3

Die idyllische Altstadtgasse führt vom Grossmünster über einen Moränenhügel zum Hirschgraben. Ihr altertümlicher Charakter erinnert an die Zeit, als sie vorwiegend von Chorherren und Adligen bewohnt war. Heute ist sie eine Wohngasse mit kleinen, interessanten Buchhandlungen, Galerien und Antiquitätenläden. Im Haus Nr. 13 lag 1525–1531 die Amtswohnung des Reformators Zwingli, in Nr. 33 lebte im 13. Jh. Rüdiger Manesse, der Förderer der Liederhandschrift, von 1861–1876 hatte hier Gottfried Keller seine Amtswohnung als erster Staatsschreiber. Am Ende der Gasse residiert in Nr. 48 das Deutsche Generalkonsulat.

Tram 3; Bus 31 (Neumarkt, d 4)

Limmatquai ■ D 1/D 3

Der Limmatquai, heute eine belebte Einkaufsmeile, entstand zu Beginn des letzten Jahrhunderts. Den Häusern zwischen Rathaus und Rosengasse, die vorher direkt am Fluß standen, wurde 1823/1825 ein Quai vorgebaut. 1839 folgte der Teil zwischen Wasserkirche und Bellevue. Bis zum Bau der Quaibrücke im Jahr 1884 war hier auch der An- und Ablegeplatz für Dampfschiffe, über die der größte Teil des Personen- und Warenverkehrs abgewickelt wurde. 1859 war der Limmatquai durchgehend fertiggestellt. Kurz darauf entstand hier der erste große Mietshauskomplex der Stadt, die Münsterburg, Limmatquai Nr. 28. Damals warf man dem Architekten Wilhelm Waser vor, zu hoch gebaut zu haben und damit den Blick auf das Grossmünster zu beeinträchtigen. Jedoch hatte der Bau für die damalige Zeit eine durchaus respektable Großzügigkeit.

In der Nähe des Rathauses ist der Limmatquai geprägt von drei Zunfthäusern: Zunfthaus zur Zimmerleuten (Nr. 40), Zunfthaus zum Rüden (Nr. 42), Zunfthaus zur Saffran (Nr. 54). Sie beherbergen heute Restaurants. 1336, als der Adel verarmt war und reiche Kaufleute an Einfluß gewannen, »revolutionierte« der Adlige Rudolf Brun die Stadtordnung, indem er den Handwerkern

zu politischem Einfluß verhalf. Elf Zünfte wurden gegründet, und die Zunftmeister hielten Einzug in den Rat der Stadt. Bis 1798 war die Zunftordnung politisch prägend für die Stadt.

Zwischen Helmhaus und Rathaus verbergen sich die Läden unter Arkaden oder »Bögen«, wie man in Zürich sagt. Zahlreiche enge Gassen führen vom Limmatquai ins »Dörfli«, die Altstadt rechts der Limmat.

Lindenhof ■ C 2

Der Ausblick ist wunderbar, das wußte schon Goethe, denn er verbrachte »den Rest des Morgens unter den hohen Linden auf dem ehemaligen Burgplatz«, das war am 20. September 1797. Ein Jahr später, am 16. August 1798, wurde hier die Helvetische Verfassung beschworen.

TOP!
7

Die Römer errichteten an dieser Stelle 15 v. Chr. eine Zollstation, später ein Kastell. Nach der Gründung eines Frauenklosters im 9. Jh. entstand eine Pfalz, die den deutschen Kaisern als zeitweilige Residenz diente. Später war es ein Ort für Volksversammlungen und -vergnügen. Heute ist der Platz einfach ein Ort der Ruhe und Erholung (→ Spaziergang, S. 89).

Tram 6, 7, 11, 13 (Rennweg/Augustinergasse, c 4)

Münsterhof ■ C 3

Im Mittelalter war er ein großzügiger Platz, heute wirkt der Münsterhof zu Füßen der Fraumünsterkirche eher klein. Er ist ein unregelmäßiges Vieleck, das rundum mit einfachen Wohnhäusern bebaut wurde. Erst das prächtige Zunfthaus zur Meisen setzte einen deutlichen Akzent. Frühere Zunfthäuser an diesem Platz: Zunfthaus zur Waag (Nr. 8) und Zunfthaus zur Kämbel (= Kamel, Nr. 18). Seit 1221 fand auf dem Platz

über 400 Jahre lang der Schweinemarkt statt. Im 18. Jh. entwickelte
sich der Münsterhof zum wichtigsten Marktplatz. In die jüngere Geschichte eingegangen ist der Platz,
weil Churchill hier auf dem Balkon
des Zunfthauses zur Meisen am
19. September 1946 seine berühmte
Europa-Rede hielt.
Tram 2, 6, 7, 8, 9, 11, 13 (Paradeplatz, c 4/c 5)

Napfplatz   ■ D 2
Im Zentrum der Altstadt, zwischen
Spiegelgasse und Obere Zäune,
liegt der Napfplatz, der wie ein Re-
likt aus alter Zeit wirkt. Dominiert
wird der Platz von einem Brunnen
und dem mittelalterlichen Brunnen-
turm (Nr. 26), der als Ritterturm
im 13. Jh. erbaut wurde. Später lebten lombardische Händler, dann
Geldwechsler in dem Turm. Fast
400 Jahre lang war er im Besitz der
Familie Escher. 1819 richtete ein
Pfarrer hier eine Armenschule ein,
die Gottfried Keller besuchte.
Tram 4, 15 (Rathaus, d 4)

Neumarkt/Rindermarkt   ■ D 2
Seit dem 12. Jh. trägt die Altstadtgasse diesen Namen. Als der Stadt-
mauerring um 1300 fertiggestellt
war, kam man durch das Kronentor
in die schmale Straße. Hinter den
Häusern gab es seinerzeit große
Gärten, was den Neumarkt zum
»Aristokratenwinkel« machte. Als
das Stadttor 1827 geschleift wurde,
erbaute man an seiner Stelle ein
Biedermeiergebäude, das nun Sitz
des Verwaltungsgerichts ist (Seilergraben 1).

Am Neumarkt sind heute noch
viele mittelalterliche Gebäude er-
halten. Ursprünglich war hier ein
Viehmarkt, deswegen heißt die
Verlängerung der Gasse auch Rin-
dermarkt. In Haus Nr. 27, Zum gol-
denen Winkel, verlebte Gottfried
Keller seine früheste Kindheit. Spä-
ter zog die Familie in den engeren
Rindermarkt, ins Haus zur Sichel
(Nr. 9). Gleich gegenüber liegt das
Restaurant Öpfelchammer (Nr. 12),
das einstige Stammlokal des
Dichters.

Venezianisches Flair am Heiri-Stieg an der Limmat

Wo Spiegelgasse und Rehgäßchen auf den Neumarkt treffen, wirkt die Gasse fast wie ein Platz. Hier steht das Haus zum Recht (Nr. 4), das 1534 erbaut wurde und einigen Bürgermeistern als Wohnsitz diente. Heute beherbergt es das baugeschichtliche Archiv. Gegenüber (Nr. 5) errichtete David Morf 1742 das Zunfthaus zur Schuhmachern, dessen Zunftsaal durch einen Umbau im 19. Jh. leider zerstört wurde. Heute befindet sich in dem Gebäude das Theater am Neumarkt. Hinter der Kantorei (Nr. 2) beginnt der enge Rindermarkt. Sowohl am Neumarkt als auch am Rindermarkt gibt es interessante kleine Läden.
Tram 3; Bus 31 (Neumarkt, d 4)

Opernhaus ■ D 4

»Das Gute zu lehren, dem Bösen zu wehren«, steht neben dem Bühnenportal der Oper. Als das Haus Anfang der 80er Jahre aufwendig renoviert wurde, war das einer der Auslöser für die Jugendkrawalle. 1891 erbauten die Wiener Architekten Fellner und Helmer (sie schufen auch das Hamburger Schauspielhaus) das pompöse neubarocke Opernhaus, nachdem die erste Oper der Stadt 1890 abgebrannt war. Sie war in einem Gebäude des Barfüßler-Klosters im Niederdorf untergebracht gewesen. Dort hatte zwischen 1851 und 1855 auch Richard Wagner einige Male dirigiert.
Falkenstr. 1
Tram 2, 4 (Opernhaus, d 5)

Paradeplatz ■ C 3

Er ist das Herz der Bahnhofstraße, in dessen Umkreis sich das elegante Zürich konzentriert. Bis zum Ende des 18. Jh. wurden hier noch Schweine verkauft, deswegen hieß er damals Schweinemarkt (Söimart). Von 1819–1863 wurde er Neumarkt genannt, und als man begann, hier Militärparaden abzuhalten, bürgerte sich der heutige Name ein. Noch bevor der Platz von den Großbanken eingenommen wurde, eröffnete Johannes Baur 1838 das erste

Neobarocke Pracht bis in die Giebelspitze: das Züricher Opernhaus

Luxushotel der Stadt, das heutige Savoy Baur en Ville (das jetzige Gebäude stammt von 1978). Damals lag neben dem Hotel, wo jetzt der Zentralhof ist, der Posthof. Gegenüber befindet sich das Sprünglihaus, das der Konditor Sprüngli schon 1859 eröffnete. Dominiert wird der Platz vom Gebäude der Schweizerischen Kreditanstalt, ein Werk des Architekten Wanner aus dem Jahre 1876. Wanner war es auch, der 1871 den Bahnhof entworfen hatte.
Tram 2, 6, 7, 8, 9, 11, 13, (c 4/c 5)

Park zur Katz ■ B 2/B 3

Zwischen dem heutigen Schanzengraben und der Talstraße wurde ein Moränenhügel, das Katzbollwerk, künstlich erhöht und nach dem Dreißigjährigen Krieg mit in das Befestigungssystem der Stadt einbezogen. Der deutsche Jurist Ludwig von Löw schrieb 1837: »Ein vollständiges Panorama über die Stadt und die ganze Gegend öffnet sich hier. Nach Norden und Westen enthüllt sich das heitere schöne Limmattal und das düstere vom steilen Albis begrenzte Sihltal.« Die Idee eines botanischen Gartens hatte in Zürich schon lange bestanden. Bereits 1560 hatte der Arzt Konrad Gessner die Stadt gebeten, einen Medizinalgarten anzulegen. Jedoch erst eine öffentliche Sammlung ermöglichte Mitte des 19. Jh. die Anlage dieses größeren botanischen Gartens. Als er nach 1950 zu klein wurde, sah sich die Stadt nach einem neuen Gelände um (→ S. 25). Heute erinnert nur noch der prächtige Baumbestand an die ehemalige Bestimmung des Parks. Die Gebäude gehören nun zum Völkerkundemuseum.
Pelikanstraße/Talstraße
Tram 2, 9 (Sihlstraße), 6, 7, 11, 13 (Rennweg, c 4)

Pestalozzi-Denkmal ■ C 2

Der einzige freie Platz auf der Flaniermeile Bahnhofstraße ist die Pestalozziwiese, auf der einst Hinrichtungen stattfanden. Seit 1899 thront hier Johann Heinrich Pestalozzi (1746–1827). Der engagierte Pädagoge gilt als Begründer der Volksschule und Kämpfer für das Armenwesen.
Tram 6, 7, 11, 13
(Bahnhofstraße, c 4)

Platzspitz

Durch seine Halbinsellage am Zusammenfluß von Sihl und Limmat diente der Platzspitz schon im Mittelalter als Weideland, Schützenplatz und Exerziergelände. Zu Beginn des 18. Jh. wurden bepflanzte Alleen angelegt und der Platzspitz damit zu einer beliebten Promenade. Die damalige Idylle beschrieb Gottfried Keller: »Der Garten verlor sich ohne Scheidewand oder Hecke in den schattigen Anlagen des ›Platzspitzes‹, welche im glänzenden Grün standen, die beiden Flüsse schimmerten in der Sonne, blau und grün, wie mutwillige Schlangen, ich schlürfe alles mit dem reellsten Genuße und Bewußtsein in mich hinein.«

Im Zentrum der Halbinsel steht das Denkmal für den Idyllendichter Salomon Gessner (1730–1788). 1898 wurde das Landesmuseum dort errichtet. Lange Zeit war der Platzspitz ein Treffpunkt der Zürcher Drogenszene. Nach ihrer Vertreibung limmatabwärts im Jahre 1992 begann man mit der Sanierung der Grünanlage, ein Musikpavillon wurde eingeweiht, und man versuchte, nun die Spuren der vergangenen Jahrhunderte neu zu beleben.
Bahnhofquai
Tram 11, 14 (c 4)

ZÜRICH ERLEBEN

Predigerkirche ■ D 2
Wie eine hohe Nadel sticht der Turm der Predigerkirche (97 m) in den Himmel. Er ist der höchste Turm der Stadt. Erst 1900 wurde er im neugotischen Stil erbaut. Die Klosterkirche der Prediger (= Dominikaner) stammt aus dem 13. Jh., im 14. Jh. erhielt sie einen hochgotischen Chor. Ab 1541 diente er als Kornschütte, später als Staatsarchiv. Nachdem das Klostergebäude im Jahre 1887 niedergebrannt war, wurde an seiner Stelle 1915 die Zentralbibliothek errichtet.
Zähringerplatz
Tram 4, 15 (Rudolf-Brun-Brücke, d 4)

Rathaus ■ D 2
1698 wurde der Spätrenaissancebau am Limmatquai vollendet und war damit das dritte Rathaus an dieser Stelle. Heute ist es neben Helmhaus und Wasserkirche der einzige Bau, der an dieser Uferseite direkt an der Limmat steht. Besonders sehenswert sind der barocke Festsaal, den eine prunkvolle Stuckdecke mit Ölgemälden schmückt, sowie ein Rokokoturmofen von 1763.
Limmatquai 55
Tram 4, 15 (Rathaus, d 4)
Di, Do und Fr 10–11.30 Uhr

Rathausbrücke ■ D 2
Um die heutige Rathausbrücke bildete sich die erste Siedlung. Seit dem 13. Jh. wurde die »untere Brücke« als Marktplatz genutzt. Auch heute bietet sie nicht nur einen wunderbaren Blick, sondern auch – nach dem Umbau 1972 – viel Platz für Kioske, Bänke und das beliebte Silvester-Brückenfest
(→ S. 85).
Tram 4, 15 (Rathaus, d 4)

Rosenhof ■ D 2
Unterhalb des Hirschenplatzes liegt der kleine Rosenhof, der erst 1967 im Rahmen der Altstadtsanierung entstand. Er ist ein beliebter Treffpunkt für junge Leute. Am Samstag und Donnerstag findet hier ein kleiner Markt mit alternativem Schmuck, Kerzen und Kunstgewerblichem statt.
Tram 4, 15 (Rudolf-Brun-Brücke, d 4)

Rotes und Weißes Schloß ■ C 4
Nach der Aufschüttung der Quaianlagen Ende des 19. Jh. konnte das Seeufer bebaut werden. Zwischen 1890 und 1893 errichtete man im Stil der Gründerzeit zwei große Mietwohnblöcke, die sehr luxuriös ausgestattet waren und freien Blick auf den See boten: das Weiße und Rote Schloß. Aus den Wohnungen wurden mittlerweile größtenteils Büros.
General-Guisan-Quai
Tram 5; Bus 161, 165 (Rentenanstalt, c 5)

Schanzengraben ■ C 1/C 3
Der Schanzengraben verbindet den See mit der Sihl und war einst ein Teil der Stadtbefestigung. Auch nachdem man 1830 die Stadtmauern geschleift und später den Fröschengraben zur Bahnhofstraße umgewandelt hatte, blieb er bestehen. Am Kanal führt ein schmaler Uferweg entlang, auf Tafeln wird über die Geschichte des Grabens informiert.
Tram 2, 5, 8, 9, 11 (Bürkliplatz, c 5)

Schipfe ■ D 2
Der Teil zwischen Rathaus- und Rudolf-Brun-Brücke hieß seit 1295 Schüpfi, was soviel bedeutet wie Uferbebauung oder Landfeste. An der Schipfe kann man die alte Uferbebauung links der Limmat noch sehr gut erkennen. Die schmalen,

hohen Bauten stammen meist aus dem 16. Jh. Aufgrund der Raumnot baute man die Häuser direkt ans Wasser, wie an eine Straße. Die Ufermauer diente als Fundament, und lediglich ein schmaler Fußweg trennte die Gebäude vom Fluß. Einst war hier der Umschlagplatz zwischen See- und Flußschifffahrt. Tram 4, 15 (Rudolf-Brun-Brücke, d 4)

Seebad Tiefenbrunnen ■ F 6
Eine wunderbare, großzügige See-badanlage neben dem Zürichhorn. Besonders schön ist das Holzrondell im See.
Bellerivestr. 200
Tram 2, 4, (Fröhlichstraße, e 5)

Seebad Utoquai ■ D 4
Das schöne Holzbad am Utoquai ist das Szenebad von Zürich. Nicht das Schwimmen ist das Wichtigste, sondern das »Sehen und Gesehen-werden«.
Utoquai gegenüber vom Hotel Eden au Lac
Tram 2, 4 (Kreuzstraße, d 5)

Stadthaus ■ D 3
Das neugotische Stadthaus (Sitz der Stadtverwaltung) wurde 1898–1900 an dem Ort errichtet, wo einst das Damenstift St. Felix und Regula (Fraumünster) stand. Zwischen Stadthaus und Fraumünsterkirche sind Fragmente des alten Kreuz-ganges erhalten. Der Freskenzyklus (1928–1938) von Paul Bodmer zeigt die Gründungslegende der drei großen Zürcher Kirchen.
Stadthausquai 17
Tram 2, 6, 7, 8, 9, 11, 13 (Parade-platz)

St. Peter ■ C 2
Sie ist die älteste Pfarrkirche der Stadt, und ihr mächtiger Turm dien-te früher auch als Wachturm. Das Langhaus von 1705 ist dreischiffig, der Turm ist im unteren Teil roma-nisch und stammt aus dem 13. Jh. Im Jahre 1534 wurde er ausgebaut, und seine Uhr erhielt die größten Zifferblätter Europas (8,7 m Durch-messer). 157 Stufen führen in die alte Wächterstube des Turms, von

Ein Hauch von Süden: Sommerabend im Rosenhof

ZÜRICH ERLEBEN

dort wird der mühsame Aufstieg mit einem wundervollen Blick belohnt. Besonders schön ist das Innere der Hallenkirche mit ihren Emporen. Die Kirche liegt an der idyllischen St. Peterhofstatt, einem stillen Hof hoch über der Altstadt.
St. Peterhofstatt
Tram 6, 7, 11, 13 (Augustinergasse/ Rennweg, c 4)

Waldmann-Denkmal ■ D 3
Auf einem Pferd thront er zu Füßen der Fraumünsterkirche am Brückenkopf der Münsterbrücke: Hans Waldmann (1435–1489), Zürichs berühmtester Bürgermeister. Schon mit 22 Jahren war er Zunftmeister und Mitglied des Rates. In den Burgunderkriegen (1474–1477) zeichnete er sich als Feldherr aus. 1483 wurde er Bürgermeister, 1489 erzwangen die Bauern seine Enthauptung, da sie mit seinen Landreformen nicht einverstanden waren. Das bronzene Denkmal wurde 1937 von Hermann Haller geschaffen.
Stadthausquai/Münsterbrücke
Tram 2, 6, 7, 8, 9, 11, 13 (Paradeplatz, c 4/c 5)

Wasserkirche ■ D 2
Die spätgotische Wasserkirche (1479–1484), die von Hans Felder erbaut wurde, stand bis zur Aufschüttung des Limmatquais auf einer Insel im Fluß. Auch heute noch ragt sie in den Fluß hinein. Man sagt, sie sei an dem Ort errichtet, an dem die Schutzheiligen Zürichs, Felix und Regula, enthauptet wurden. Sie sollen dann ihre abgeschlagenen Häupter in die Hände genommen haben und » vom Fluß 40 Ellen weit bergan bis zur Stätte, wo sie begraben werden wollten«, hinaufgestiegen sein. Das war das Grossmünster. Nach der Reformation wurde die Wasserkirche profanisiert. Seit 1581 war sie Warenhalle und

von 1631–1917 Stadtbibliothek. Erst seit der Renovierung von 1940/1941 dient sie wieder als Kirche.
Limmatquai 31
Tram 4, 15 (Helmhaus, d 4)

Weinplatz ■ D 2
Es ist der älteste Marktplatz der Stadt. Seit der Römerzeit befand sich hier eine Anlegestelle. Seinen heutigen Namen erhielt er durch die kurze Zeit, als am Platz tatsächlich Weinhandel betrieben wurde (1630–1674). Zuvor hieß und war er der Kornmarkt. Vor dem Hotel Storchen lag das Kornhaus (1368).
Tram 4, 15 (Rathaus, d 4)

Zunfthaus zur Meisen ■ C 3
Die »Barockperle« der Stadt, von deren Balkon Churchill am 19. September 1946 seine Europa-Rede hielt, wurde 1757 im Stil eines französischen Stadtpalais als Zunfthaus der Weinbauern von dem Architekten David Morf errichtet. Das Gebäude, dessen Interieur im Rokokostil gehalten ist, beherbergt die Porzellan- und Fayencensammlung des Schweizerischen Landesmuseums.
Münsterhof 20
Tram 2, 6, 7, 8, 9, 11, 13 (Paradeplatz, c 4/c 5)

Zunfthaus zum Rüden ■ D 2
Das spätgotische, auf Arkaden ruhende Haus war seit 1348 das »Gesellschaftshaus zur Constaffel« (der Adligen). Das Wappentier, ein Rüde mit Stachelhalsband, ist ein Symbol der Jagd, die damals ausschließlich von Adligen ausgeübt werden durfte. Das heutige Gebäude ist von 1659. Interessant ist der spätgotische Saal im ersten Stock wegen seiner Segmentbodendecke. Im Obergeschoß befindet sich ein 140 qm großer Barocksaal.
Limmatquai 42
Tram 4, 15 (Rathaus, d 4)

Zunfthaus zur Zimmerleuten ■ D 2

Das 1708 errichtete Arkadengebäu-
de, direkt neben dem Zunfthaus zum
Rüden, wirkt wesentlich bescheidener als sein Nachbar. Sehenswert
sind hier die Sandstein-Fensterpfei-
ler, aber auch der große Zunftsaal
im Stil der Spätrenaissance im Obergeschoß.
Limmatquai 40
Tram 4, 15 (Rathaus)

Zürichhorn ■ E 6

Der großflächige Park liegt am
rechten Ufer des Zürichsees und
ragt wie ein »Horn« in den See.
Vom Museum Bellerive bis zum
Strandbad Tiefenbrunnen kann
man viele Kunstwerke betrachten
(→ Spaziergang, S. 98). Jedes Jahr
im Juli findet im Park das Freilicht-
kino statt, mit einer Leinwand im
See. Die Schiffe haben hier eine
Anlegestelle.
Tram 2, 4 (Höschgasse oder Fröh-
lichstaße, d 5/e 5)

Zwingli-Denkmal ■ D 3

Der Priester Huldrych Zwingli
(1484–1531) kam 1519 ans Grossmünster und begann von hier aus
die Zürcher Kirche zu reformieren.
1523 stimmte der Große Rat Zwinglis Reformvorschlägen zu, was eine
folgenreiche Entwicklung einleitete,
denn seine Reformen griffen nicht
nur in das religiöse Leben der Stadt
ein, sondern auch in die gesell-
schaftlich-staatliche Ordnung. Durch
ihn wurde eine fortschrittliche Sozi-
alpolitik durchgesetzt, aber auch ein
spartanisches Understatement ge-
pflegt. 1531 fiel Zwingli im Zweiten
Kappeler Krieg gegen die Katholiken.
Sein eisernes Denkmal steht unterhalb des Grossmünsters an der
Wasserkirche.
Limmatquai
Tram 4, 15 (Helmhaus, d 4)

Hellerleuchtetes Schmuckstück am Limmatquai: das Zunfthaus zum Rüden

Zürich ist nicht nur Wirtschaftsmetropole: Über 30 Museen und zahlreiche Galerien lassen das Herz eines jeden Kunstliebhabers höher schlagen.

Ob Zinnfiguren, nostalgisches Spielzeug, Zeitmesser aller Art, Indianer- oder Pharaonenkultur, die Welt der Technik oder die Welt der Literatur, vertreten durch Thomas Mann und James Joyce – das alles wird Ihnen in Zürich nahegebracht. Doch an allererster Stelle stehen Zürichs Kunstmuseen, von traditioneller europäischer Kunst (im Kunsthaus und in der Sammlung Bührle) über afrikanische und asiatische Kunst (im Museum Rietberg) bis hin zur internationalen zeitgenössischen Kunst (Kunsthaus, Kunsthalle,

Haus für konstruktive und konkrete Kunst und Shedhalle).

Die meisten Museen sind montags geschlossen und haben bei Wechselausstellungen andere Öffnungszeiten als üblich. Auch an Feiertagen gelten besondere Öffnungszeiten. Aktuelle Angaben liefern die Veranstaltungskalender »ZüriTip« (→ S. 121) oder »Zürich news!«.

Jeden Monat informiert die Broschüre »Museen in Zürich« über aktuelle Ausstellungen, sie liegt gratis in den Museen oder im Verkehrsbüro aus.

Moderne Kunst wird sowohl im Le Corbusier-Haus...

Museen

Archäologische Sammlung der Universität ■ E 2
Die im Jahre 1856 gegründete Sammlung führt Sie in die faszinierende Welt antiker Kulturen: Die Mythen der Griechen, die Gräber der Ägypter und der Alltag der Etrusker sind die zentralen Themen der Ausstellung.
Rämistr. 73
Tram 6, 9, 10 (ETH Zentrum, d 4)
Di–Fr 13–18, Sa und So 11–17 Uhr
Eintritt frei

Haus für konstruktive und konkrete Kunst ■ F 6
Ein Museum, das ganz der konstruktiven und konzeptuellen Kunst gewidmet ist. Seit 1986 werden hier internationale Ausstellungen präsentiert.
Seefeldstr. 317
Tram 2, 4; S7 (Tiefenbrunnen, e 6)
Di–Fr 14–17, Sa und So 10–17 Uhr
Eintritt 7 sfr

James-Joyce-Stiftung ■ C 2
Im zweiten Stock des Museums Strauhof, das Wechselausstellungen zu Literatur und Kunst zeigt, ist die James-Joyce-Stiftung untergebracht. Aus dem Leben des irischen Dichters (1882–1941), der einen Teil des »Ulysses« in Zürich schrieb und auch hier begraben liegt (→ S. 28), sind Erinnerungsgegenstände ausgestellt.
Augustinergasse 9
Tram 6, 7, 11, 13 (Rennweg, c 4)
Di–So 10–18, Do bis 21 Uhr
Eintritt 5 sfr

Johann-Jacobs-Museum ■ E 5
Die Villa wurde vom Chef des Kaffeekonzerns gestiftet und zeigt die Kulturgeschichte des Kaffees seit dem 17. Jh. Zur Sammlung gehören Porzellan, Silber, Bücher und Gemälde.
Seefeldquai 17
Tram 2, 4 (Feldeggstraße, d 5)
Fr und Sa 14–17, So 10–17 Uhr
Eintritt frei

...als auch in der Kunsthalle präsentiert

ZÜRICH ERLEBEN

Kunsthalle

Die Kunsthalle, bis vor kurzem außerhalb des Zentrums im ehemaligen Industriequartier Hardturm, ist umgezogen ins Löwenbräu-Areal in direkter Nähe zum Museum für Gegenwartskunst und einiger Galerien. Junge internationale Kunst, auch interessante Einzelpräsentationen sind hier zu sehen.
Limmatstr. 270
Tram 4, 13 (Dammweg, c 3)
Di–Fr 12–18, Sa und So 11–17 Uhr
Eintritt 5 sfr

Kunsthaus   ■ E 3

Im Jahre 1897 wurde in Zürich eine Kunstgesellschaft gegründet, die dank der Förderung Zürcher Kaufleute 1910 am Heimplatz den ersten Teil des heutigen Kunsthauses eröffnen konnte. 1925, 1958 und 1976 wurde der Bau erweitert und enthält heute eine beachtliche Sammlung internationaler Kunst: Gemälde des niederländischen und italienischen Barock, Schweizer Malerei des 19. und

TOP TEN
2

20. Jh., eine einzigartige Sammlung des Werks von Alberto Giacometti, eine interessante Dokumentation der Dada-Bewegung, eine bedeutende Fotosammlung, aber auch Werke von Monet, Picasso, Munch, Beckmann, Kokoschka, Chagall, Rauschenberg, Twombly, Baselitz, Beuys und Merz. Außerdem wechselnde Ausstellungen.
Heimplatz 1
Tram 3, 5, 8, 9 (Kunsthaus, d 4)
Di–Do 10–21, Fr–So 10–17 Uhr
Eintritt 4 sfr

Mühlerama

Die Mühle Tiefenbrunnen, 1890 im Stil der Belle Epoque erbaut, wurde in den 80er Jahren zum Kulturzentrum umgebaut. In dem Museum kann man die noch funktionierende Mühlenanlage besichtigen, die bis 1983 in Betrieb war.
Seefeldstr. 231
Tram 2, 4; S7 (Bahnhof Tiefenbrunnen, e 6)
Di–Sa 14–17, So 13.30–18 Uhr
Eintritt 5 sfr

Militaria sind Bestandteile des Schweizerischen Landesmuseums

Museum Bellerive ■ E 6

In einer schönen alten Villa am Seeufer, nicht weit vom Zürichhorn entfernt, werden in Wechselausstellungen die Schätze des Kunstgewerbemuseums gezeigt: Keramik, Textilkunst, Glas, Möbel, Musikinstrumente und Marionetten. Einst (1700–1924) stand an diesem Platz das Sommerhaus Solitude des Statthalters Mathias Landolt. 1931 ließ sich der Textilfabrikant Julius Bloch an dessen Stelle einen Wohnsitz errichten, der 1968 zum Museum umfunktioniert wurde.
Höschgasse 3
Tram 2, 4 (Höschgasse, d 5)
Di–So 10–17, Mi bis 21 Uhr
Eintritt 4 sfr

Museum für Gegenwartskunst Zürich

Auf 1300 qm Ausstellungsfläche präsentiert der Migros-Genossenschaftsbund seine Sammlung internationaler zeitgenössischer Kunst: Bruce Naumann, Sol LeWitt, A. R. Penck und Gilbert & George sind nur einige Namen.
Limmatstr. 270
Tram 4, 13 (Dammweg, c 3)
Di–Fr 12–18, Sa und So 11–17 Uhr
Eintritt 5 sfr

Museum für Gestaltung

Drei bedeutende Sammlungen sind hier untergebracht: Design, Graphik und Plakate. Daneben finden regelmäßig Wechselausstellungen und Veranstaltungen zu Themen wie Design und visuelle Kommunikation, Fotografie und Medien, Architektur und Alltagskultur statt.
Ausstellungsstr. 60
Tram 4, 13 (Museum für Gestaltung, c 3)
Di–Fr 10–18, Mi bis 21,
Sa und So 10–17 Uhr
Eintritt 6 sfr

Museum Rietberg ■ B 5

Drei Villen in dem wunderschönen Rieterpark beherbergen die einzige Sammlung außereuropäischer Kunst in der Schweiz. Das Hauptgebäude des Museums ist die neoklassizistische **Villa Wesendonck**, die der deutsche Kaufmann Otto Wesendonck Mitte des 19. Jh. erbauen ließ. Richard Wagner komponierte dort Teile von »Tristan und Isolde« und »Rheingold«. Seit 1952 wird in der Villa Kunst mit den Schwerpunkten China, Indien und Afrika ausgestellt.

In der **Parkvilla Rieter** werden Gemälde aus Indien, Japan und China gezeigt. In der **Villa Schönberg** befinden sich die Verwaltung und das Seminar für Kunstgeschichte Ostasiens der Universität.
Villa Wesendonck und Parkvilla Rieter
Gablerstr. 15
Tram 7 (Museum Rietberg, c 5)
Villa Wesendonck: Di–So 10–17 Uhr;
Parkvilla Rieter: Di–Sa 13–17,
So 10–17 Uhr
Eintritt 5 sfr, bei Wechselausstellungen 10 sfr

Museum der Zeitmessung Beyer ■ C 2/C 3

Zeitmesser aller Art: Sonnenuhren, wissenschaftliche Meßinstrumente des 16. und 17. Jh., Schweizer Holzräderuhren, Meisterwerke der Renaissance, Marine-Uhren und Navigationsinstrumente – wo kann ein solches Museum stehen, wenn nicht in der Schweiz?
Bahnhofstr. 31
Tram 2, 6, 7, 8, 9, 11, 13 (Paradeplatz, c 4/c 5)
Mo–Fr 10–12, 14–16 Uhr
Eintritt frei

ZÜRICH ERLEBEN

Schweizerisches Landesmuseum ■ C 1

Hinter dem Hauptbahnhof liegt das schloßartige Gebäude des Schweizerischen Landesmuseums, das 1898 eröffnet wurde. Schwerpunkte der Sammlung sind die Ur- und Frühgeschichte, die ritterliche Kultur, die vorromanische und romanische Kirchenkunst und das Mobiliar des 15.–18. Jh. Ein Höhepunkt des Museums ist Ferdinand Hodlers (1853–1918) monumentales Fresko »Rückzug der Eidgenossen bei Marignano«.
Museumstr. 2
Tram 4, 11, 13, 14 (Bahnhofquai, c 4)
Di–So 10–17 Uhr
Eintritt frei

Shedhalle

Im Kulturzentrum Rote Fabrik (→ Am Abend, Theater, S. 76) wird junge Schweizer und internationale Kunst präsentiert.
Seestr. 395
Tram 7; Bus 161, 165 (Rote Fabrik, Post Wollishofen, c 6)
Di–Fr 14–20, Sa und So 14–17 Uhr
Eintritt frei

Spielzeugmuseum

(→ Mit Kindern unterwegs, S. 82)

Thomas-Mann-Archiv ■ E 2

Das Bodmer-Haus, das schon 1664 erbaut wurde, war seit dem 19. Jh. der literarische Mittelpunkt Zürichs. So hat die Originaleinrichtung von Thomas Manns letztem Arbeitszimmer eine würdige Unterkunft gefunden. Zusätzlich beherbergt die Sammlung Originalhandschriften und wertvolle Buchausgaben, Bildvorlagen und Briefe.
Schönberggasse 15
Tram 6, 9, 10 (ETH, d 4)
Mi und Sa 14–16 Uhr
Eintritt frei

Völkerkundemuseum ■ B 2/B 3

Im »Park zur Katz«, dem alten Botanischen Garten, liegt das Museum, das 1888 von der Ethnographischen Gesellschaft gegründet wurde. Vor allem Geschichte, Religion, Handwerk und Kunst außereuropäischer Kulturen stehen im Mittelpunkt der Sammlung. Besonders gelungen ist der Umbau des ehemaligen Treibhauses zur Bibliothek.

DER BESONDERE TIP

Stiftung Sammlung E. G. Bührle 1934 begann der deutsche Industrielle und Kunstkenner Emil Georg Bührle (1890–1956) Gemälde zu kaufen: Impressionisten und Postimpressionisten wie Picasso, Monet, Degas, Gauguin, Toulouse-Lautrec, Manet, Cézanne und Matisse. Aber auch holländische Maler des 17. Jahrhunderts, Venedigs Settecento-Maler Canaletto und Tiepolo, die Spanier Goya und El Greco sowie sakrale Holzskulpturen aus dem Mittelalter. In der Villa hoch über dem Zürichsee wurde eine der schönsten Privatsammlungen europäischer Kunst (200 Exponate) der Öffentlichkeit zugänglich gemacht. Zollikerstr. 172, Tram 2, 4 (Wildbachstraße), Di und Fr 14–17, Mi 17–20 Uhr, Eintritt 9 sfr ■ H 4

Pelikanstr. 40
Tram 2, 9 (Sihlstraße), 6, 7, 11, 13
(Rennweg, c 4)
Di–Fr 10–13, 14–17, Sa 14–17,
So 11–17 Uhr
Eintritt frei

Wohn- und Puppenmuseum ■ C 3

Hier dreht sich alles um Zürcher
Wohnkultur von der Spätrenaissance
bis zum Biedermeier. Das Wohnmu-
seum gehört zum Schweizerischen
Landesmuseum und ist in zwei
Fachwerkhäusern aus dem 16. und
17. Jh. untergebracht. Im Unterge-
schoß ist das Puppenmuseum von
Sasha Morgenthaler zu besichtigen.
Bärengasse 20/22
Tram 2, 6, 7, 8, 9, 11, 13 (Parade-
platz, c 4/c 5)
Di–Fr und So 10–12, 14–17,
Sa 10–12, 14–16 Uhr
Eintritt 5 sfr

Zinnfiguren-Museum ■ D 2

40 000 Zinnfiguren, vom Soldaten
bis zur weidenden Kuh, waren
Kinderspielzeug aus dem 18. und
19. Jh. – in dieses kleine Museum
können Sie auch getrost Ihren
Nachwuchs mitnehmen.
Obere Zäune 19
Tram 4, 15 (Rathaus, d 4)
Mi und Sa 14–16, So 11–15 Uhr
Eintritt 4 sfr

Galerien

Neben den etablierten Auktionshäu-
sern wie Sotheby's und Christie's
gibt es über 200 Galerien. Die meisten sind wochentags (außer montags) am Nachmittag geöffnet,
samstags am Vormittag.

Ammann Fine Art

Spezialisiert auf Impressionisten
und Kunst des 20. Jh.
Restelbergstr. 97
Tram 5 und 6 (Zürichbergstraße, e 4)

Annemarie Verna ■ F 4

Avantgarde-Galerie, u. a. für amerikanische Künstler wie Dan Flavin
und Robert Ryman.
Neptunstr. 42
Tram 15 (Englischviertelstraße, e 5)

Bruno Bischofberger ■ D 3

Die Galerie führt zeitgenössische
Künstler wie Andy Warhol, Julian
Schnabel und Jean Tinguely.
Utoquai 29
Tram 2, 4 (Opernhaus, d 5)

Ikonengalerie Sophia ■ C 2

Ikonen aus Rußland, Griechenland,
Palästina und Kleinasien.
Widdergasse 10
Tram 6, 7, 11, 13 (Augustinergasse/
Rennweg, c 4)

Jamileh Weber ■ D 3

Amerikanische Top-Künstler wie
Roy Lichtenstein, Robert Rau-
schenberg und Frank Stella, aber
auch Georg Baselitz.
Waldmannstr. 6
Tram 2, 5, 8, 9, 11 (Bellevue, d 5)

Lelong ■ D 2

Die Galerie arbeitet mit Partner-
galerien in New York und Paris zusammen. Sowohl moderne Klassiker als auch Werke zeitgenössischer
Künstler.
Predigerplatz 10–12
Tram 3; Bus 31 (Neumarkt, d 4)

Renée Ziegler ■ E 3

Hier wurde erstmals in Zürich zeit-
genössische amerikanische Kunst
präsentiert, aber auch Schweizer
Künstler werden geführt.
Rämistr. 34
Tram 3, 5, 8, 9 (Kunsthaus, d 4)

Walu ■ E 3

Afrikanische Kunst.
Rämistr. 33
Tram 3, 5, 8, 9 (Kunsthaus, d 4)

ESSEN UND TRINKEN

Die Eßkultur der Stadt ist von allerhöchstem Niveau. Trotzdem überwiegt in Zürich auch in Fragen der Küche Understatement.

Von dem Zürcher Adelsgeschlecht Manesse wurde eine berühmte mittelalterliche Liederhandschrift in Auftrag gegeben, die 1300 erschien und von der auch zwei Novellen Gottfried Kellers handeln: »Der Narr auf Manegg« und »Hadlaub«. Eben dieser Hadlaub, Minnepoet und Freund Manesses, berichtet in seinen Gesängen ausführlich über die Eß- und Trinkgewohnheiten jener Zeit. Geschwärmt wird von Gänsen, Hühnern, Kapaunen, Fasanen und Tauben, ebenso vom fetten Schweinebraten, gebratenem Halsgekröse, Kalbs- und Schweinekeulen. In Fragen des Genusses galt der Vorsatz: Vornehme Zurückhaltung ist Schwäche. Jene kehrte erst mit der reformatorischen Wende ein. Im Rathaus wurde gar pedantisch festgelegt, wieviel jeder auftragen durfte.

Sparsamkeit war die höchste Maxime, was dazu geführt hat, daß es an typischen Rezepten nicht allzuviel gibt. Und wer beispielsweise weiß, daß **Röschti** erst seit 1740 geben kann, weil die Kartoffel erst in

Bei gutem Wetter speist man mit Vorliebe draußen

jenem Jahr nach Zürich kam, wird auch verstehen, daß die Zürcher Küche eine junge, bürgerliche und gehaltvolle ist. Zu ihren Klassikern zählt zweifelsohne das **Züri-Geschnätzlets**, wobei sich die Experten und Geschmäcker kräftig darüber streiten, wie seine richtige Zusammensetzung aussieht: ob mit oder ohne Champignons, mit oder ohne Nierli. Reine Geschmackssache – wichtig ist nur, daß es gut gemacht ist. Die Zürcher Restaurants, in denen Köche aus aller Welt am Werk sind, profitieren in erster Linie von den Eßtraditionen ihrer beiden Nachbarn Frankreich und Italien. Aber auch Spanien mischt mit, wie sich an der im 17. Jahrhundert von eidgenössischen Söldnern mitgebrachten **Spanisch-Suppe** zeigt.

Es muß nicht immer Birchermüesli sein

Auf den **Zmorge**-(Frühstücks-) Tisch kommen Kipfeli und **Kaffee Crème** oder Brot mit Butter, Käse und Marmelade sowie das Birchermüesli. Wer es jedoch reichhaltiger möchte, braucht sich in der Schweiz keine Sorgen zu machen: Im Gegensatz zu den französischen und italienischen Frühstückssitten kann man hier auch schon am Morgen ausgiebig speisen. Sicherlich luxuriös, aber dafür auch etwas ganz Besonderes ist bei schönem Wetter ein Sonntagsbrunch im Garten des **Baur au Lac**, bei kalter Witterung findet er im schönen Pavillon statt.

Die eigentliche Hauptmahlzeit hat der Zürcher allerdings auf den Abend verlegt. Dann sind die Lokale voll, denn Plaudern, Essen und Trinken sind ein wichtiger Bestandteil des kulturellen Lebens. Deshalb gehört auch nachmittags eine **Schale** (Kaffee mit viel aufgeschäumter Milch) in einem der vielen Cafés zu den liebenswerten Gewohnheiten der Schweizer.

Öffnungszeiten der Lokale

In den Restaurants und Hotels können Sie meistens bis um 10 Uhr frühstücken, an Sonntagen häufig sogar länger. Das Mittagessen wird zwischen 12 und 13 Uhr, spätestens bis 14 Uhr serviert. Abends hat die Küche meist bis 22 Uhr, selten bis 23 Uhr geöffnet. Wer später noch hungrig ist, muß sich mit einer begrenzten Auswahl von Lokalen begnügen.

Zürcher Spezialitäten

Angeführt vom **Züri-Geschnätzleten** und dem **Zürcher Ratsherrentopf**, einem buchstäblich zünftigen Fleischallerlei aus Kalbsfiletleber und -milch, Rinderfilet, Speckscheiben und Cipollata, sowie der schon erwähnten **Spanisch-Suppe**, einem ähnlichen Mixedprogramm wie der Ratsherrentopf, dürfen in dem Milch- und Käseland Schweiz natürlich weder das **Käsefondue** noch das **Raclette** fehlen.

Daß in einer Stadt am See auch Fisch auf der Karte steht,

versteht sich fast von selbst. **Hecht**, **Egli**, **Felchen** und **Forellen** aus dem nahen Zürichsee schmecken in den Restaurants am besten, die mit der Plakette »Goldene Fische« ausgezeichnet wurden. Der Herbst steht ganz im Zeichen von **Wildgerichten**. Und wer während seines Zürichaufenthaltes meint, auf seine schlanke Linie achten zu müssen, wird schwer auf die Probe gestellt, denn: Das Süße ist Zürichs zweite Obsession neben dem Geld. Die **Rüeblitorte** (Karottenkuchen) ist ein Muß, ebenso wie die typischen Schleckereien **Tirggel** (Weißmehl- und Honiggebäck) oder **Zürileckerli** (Honiggebäck). Das Angebot an Trüffel-Köstlichkeiten ist immens, und so manche Praline scheint die notwendige Kompensation für reformatorische Entsagung gewesen zu sein.

Getränke

Schweizer Weine genießen einen ausgezeichneten Ruf. Berühmt sind der **Clevner**, ein junger Rotwein, der meist kalt getrunken wird, und der **Räuschling**, der Zürcher Weißwein. Das Gebiet um Zürich war schon immer der bedeutendste Weinbaukanton der Ostschweiz. Wer lieber Bier mag, trinkt die sogenannte **Stange** (ein 0,3 Liter Pils vom Faß). Kaffeesahne gibt's nicht nur zum **Kaffee Crème**, sondern wird auch dem **Espresso** beigelegt.

Preisklassen

Die Preise beziehen sich jeweils auf ein Menü ohne Getränke, Steuern und Trinkgeld.
Luxusklasse ab 70 sfr
Obere Preisklasse ab 50 sfr
Mittlere Preisklasse 35–50 sfr
Untere Preisklasse unter 35 sfr

Klare Verhältnisse im alternativen Kulturzentrum Rote Fabrik

Restaurants

Back und Brau

Selbstgebrautes, leckeres Bier ist das Markenzeichen (auch zum Mitnehmen). Nach alter Klostertradition wird der Malztreber, der beim Brauen abfällt, für die Backwaren verwendet. Die Hefeteigfladen, Schinken im Brotteig, Quiches und Krapfen sind also besonders zu empfehlen. Schickes, szeneartiges Fabrikflair mit einem großen, lauten Raum, einem kleineren mit weißen Tischdecken, wo es etwas ruhiger zugeht, und einer Theke in der Mitte zum Stehen und für den Take away. Durchgehend warme Küche und sonntags Brunch mit Open end.
Heinrichstr. 267
Tel. 2 71 10 30
Tram 4, 13
(Escher-Wyss-Platz, b 3/c 3)
Tgl. 11–23 Uhr
Untere/Mittlere Preisklasse (EC, Visa)

Belvoir Park   ■ B 5

Hier wird gutes Essen von angehenden Köchen zubereitet. Es handelt sich um die Ausbildungsstätte der Hotelfachschule. Traumhaftes Ambiente in einer Fabrikantenvilla mit Park und Seesicht. Geduldiges Warten wird belohnt. Wer nur eine Kleinigkeit zu sich nehmen oder nachmittags einen Kaffee in nobler Atmosphäre trinken will kann dies im neueröffneten **Avantgarde**-Bistro (Di–Sa 10–24 Uhr) tun.
Seestr. 125
Tel. 2 86 88 44
Tram 7 (Museum Rietberg, c 5)
Tgl. außer So und Mo 12–13.30 und 18.30–21.30 Uhr
Mittlere/Obere Preisklasse (AE, DC, EC, Visa)

Bierhalle Kropf   ■ C 3

Pittoresker Bierhallenbarock in drei gemütlichen Räumen. Die Küche wird immer internationaler, Spezialitäten wie Kutteln, Kalbskopf und Wädli sind aber trotzdem noch inbegriffen. Und der offene Wein ist sehr gut. Auch wenn es in der Hektik mit der Bedienung mal nicht so schnell gehen sollte: Der wunderbare, denkmalgeschützte Rahmen macht alles wieder wett.
In Gassen 16
Tel. 2 21 18 05
Tram 2, 6, 7, 8, 9, 11, 13 (Paradeplatz, c 4/c 5)
Tgl. außer So 11.30–21.30 Uhr (warme Küche)
Mittlere Preisklasse (EC, Visa)

Blaue Ente   ■ F 5/F 6

Für schöne, schicke Leute, die auf Halogenbeleuchtung stehen, ist die Blaue Ente genau richtig. Treff der betuchten Seefelder Werbeszene. Gute Küche. Wer einfach nur dazugehören will, sollte die Bar vorziehen.
Seefeldstr. 223
Tel. 4 22 77 06
Tram 2, 4 (Wildbachstraße, e 5)
Tgl. 12–23 Uhr
Obere Preisklasse (AE, DC, EC, Visa)

Bodega Española   ■ D 2

Seit rund 150 Jahren ein spanisches Restaurant im Herzen vom Niederdorf. Im Erdgeschoß gibt es Tapas und Wein, auch Tabakrauch und die Lautstärke gehören dazu. Nachmittags kann es allerdings herrlich ruhig sein. Im ersten Stock, der **Sala Morisca**, liegt das Restaurant (Reservierung erforderlich). Paella, Zarzuela, Parillada oder eine einfache Tortilla, alles zu empfehlen. Jahrgangsweine sind bezahlbar. Der untere Teil der Bodega ist in jedem Fall ein Muß für den Zürichbesucher.

Münstergasse 15
Tel. 2 51 23 10
Tram 4, 15 (Rathaus, d 4)
Tgl. 11.30–14 und 18–22 Uhr
(warme Küche)
Mittlere Preisklasse (keine Kredit-
karten)

La Bouillabaisse ■ C 2/C 3
Super-Fischrestaurant, in dem sonn-
tags ein günstiges Drei-Gänge-
Menü angeboten wird.
Hotel St. Gotthard
Bahnhofstr. 87
Tel. 2 11 83 17
Tram 6, 7, 11, 13 (Bahnhofstraße, c 4)
Obere Preisklasse (AE, DC, EC,
Visa)

Brasserie Lipp ■ C 2
Französisches Brasserie-Styling in
der Nähe der Bahnhofstraße. Ob
Cassoulet, Pot-au-feu, Fisch oder
Krustentiere, Sauerkraut oder Zwie-
belsuppe – die Portionen sind reich-
lich, und das französische Weinsor-
timent ist immens. Eine echte Tour
de France.
Uraniastr. 9
Tel. 2 11 11 55
Tram 4, 15 (Rudolf-Brun-Brücke, d 4)
Tgl. 11.45–23.30 Uhr
Mittlere Preisklasse (AE, DC, EC,
Visa)

California ■ F 3
Wie der Name verspricht: Burger
und Sandwiches, American way of
food, aber nicht schlecht und vor
allem nicht überfettet. Dunkle Bänke, enge Bestuhlung, viele Stamm-
kunden und jeden Sonntag amerika-
nischer Brunch.
Asylstr. 125
Tel. 3 81 56 80
Tram 3, 8, 15 (Hölderlinstraße, e 5)
Tgl. außer Sa mittags 11.30–14 und
18.15–22.45 Uhr
Untere Preisklasse (AE, DC, EC,
Visa)

Casa Ferlin ■ D 1
Kleiner, nobler Italiener mit sehr gu-
ter Küche. Die Ravioli, die auch zum
Mitnehmen verkauft werden, sollen
die besten Zürichs sein. Reservie-
rung erforderlich.
Stampfenbachstr. 38
Tel. 3 62 35 09
Tram 11, 14 (Stampfenbachplatz, d 3)
Tgl. außer Sa und So 12–14 und
18.30–22 Uhr
Obere Preisklasse (AE, DC, EC,
Visa)

Commercio ■ E 4
Bietet sich hervorragend nach ei-
nem Kinobesuch an, denn hier gibt
es auch nach Mitternacht etwas zu
essen. Voll ist es immer, aber an der
Bar kann man bestens auf einen
Platz warten. Das Essen schmeckt,
sonst würde sich der Ort auch nicht
einer solchen Beliebtheit erfreuen.
Nach Mitternacht werden die Ge-
tränke allerdings teurer.
Mühlebachstr. 2
Tel. 2 61 38 77
Tram 11, 15 (Stadelhofen, d 5)
Tgl. 11.30–1.45 Uhr
Untere Preisklasse (keine Kreditkar-
ten)

Conti di Bianca ■ E 4
Zwei Räume, zwei Möglichkeiten:
links das Luxus-Etablissement,
rechts das weniger spektakuläre
Ambiente, ohne Silberbesteck, dafür
aber billiger. Egal, für welche Seite
Sie sich entscheiden: Die italieni-
sche Küche ist erstklassig. Nach
einem Opernbesuch die Krönung.
Dufourstr. 1
Tel. 2 51 06 66
Tram 2, 4 (Opernhaus, d 5)
Tgl. außer Sa mittags und So
11.45–14 und 18–23.30
Mittlere Preisklasse/Luxusklasse
(AE, DC, EC, Visa)

Emilio   ■ A 2/B 2

Das spanische Restaurant existiert
bereits seit 50 Jahren und bietet
wenige, aber bekömmliche Gerichte.
Uneitle Atmosphäre. Tips: das Poulet
rôti und die Paella.
Zweierstr. 9
Tel. 2 41 83 21
Tram 2, 3, 8, 9, 10, 14 (Stauffacher,
c 4)
Tgl. 12–13.30 und 18–21.30 Uhr
Mittlere Preisklasse (keine Kredit-
karten)

Exer   ■ B 1

Gutes Lokal für ein Rendezvous
oder für eine kleine Gesellschaft.
Einfache Atmosphäre, ein Touch
trendy, ansonsten familiär mit guter
Küche.
Tellstr. 10
Tel. 2 42 52 12
Bus 31 (Kanonengasse)
Tgl. 19–22.30 Uhr
Mittlere Preisklasse (keine Kredit-
karten)

Florhof   ■ D 2

Das Restaurant in dem gleichnami-
gen Hotel ist für viele Zürcher ein
Geheimtip. Die Küche ist leicht und
aromatisch. Neben vorzüglichen
Fleisch- und Fischgerichten gibt es
eine Auswahl vegetarischer Speisen.
Besonders angenehm sitzt man
im Sommer auf der Terrasse des
Restaurants.
Florhofgasse 4
Tel. 2 61 44 70
Tram 3 (Neumarkt, d 4)
Tgl. außer Sa und So 12–14 und
18–21 Uhr
Obere Preisklasse (AE, DC, EC,
Visa)

Franziskaner   ■ D 2

Hier ist es immer voll. Im Sommer
sind die Plätze auf der Gartenterras-
se heiß begehrt. Schmackhaftes Essen, auch für Vegetarier, sowie herr-

liches Frühstücksbuffet.
Niederdorfstr. 1
Tel. 2 52 01 20
Tram 4, 15 (Rathaus, d 4)
Untere/Mittlere Preisklasse (AE, DC,
EC, Visa)

Giangrossi   ■ B 2

Beim Kino Metropol gleich um die
Ecke. Der Italiener ist bekannt für
seine Grillspezialitäten. Reservie-
rung erforderlich.
Rebgasse 8
Tel. 2 41 20 64
Tram 2, 3, 8, 9, 10, 14 (Stauffacher,
c 4)
Tgl. außer So und Mo 11– 0.30 Uhr
Mittlere Preisklasse (AE, DC, EC,
Visa)

L'Hexagone   ■ C 2

Das geschmackvoll im Bistrostil ein-
gerichtete Restaurant, gleich bei der
Bahnhofstraße gelegen, bietet eine
exzellente französische Küche, die
alle zwei Monate eine bestimmte
Region Frankreichs in den Mittel-
punkt stellt. Ausgezeichnete Weine.
Kuttelgasse 15
Tel. 2 11 94 11
Tram 6, 7, 11, 13 (Rennweg/Augu-
stinergasse, c 4)
Mo–Fr 11.30–14 und 19–21.45 Uhr
Mittlere Preisklasse (AE, EC)

Hilti Vegi   ■ B 2

Bestes vegetarisches Restaurant
Zürichs. 60 Teesorten und ab 18 Uhr
ein indisches Buffet.
Sihlstr. 28
Tel. 2 21 38 70
Tram 2, 9 (Sihlstraße, c 4)
Tgl. 11–21 Uhr
Untere Preisklasse (AE, EC, Visa)

J.O.S.E.F.

Interessantes Lokal im Industrievier-
tel. Im Quartier sehr beliebt. Gute
schweizerisch-italienische Kochkrea-
tionen und ansehnliche Weinkarte.

Unprätentiös. Reservierung erforderlich.
Gasometerstr. 24
Tel. 2 71 65 95
Tram 4, 13 (Limmatplatz, c 3)
Mo–Fr 11.45–14 und 18–22.30,
Sa und So nur 18–22.30 Uhr
Mittlere Preisklasse (EC, Visa)

Kronenhalle ■ D 3

Man kann sich darüber streiten, ob das Essen sein Geld wert ist. Und man muß ja auch nicht die teuerste Bratwurst der Welt essen, wenn es dieselbe wesentlich billiger im Imbiß um die Ecke gibt. Worüber man sich allerdings nicht streiten kann: Es ist ein wunderschöner, traditionsreicher Ort. Die oberen Zehntausend, die Prominenz und viele Künstler sind in der Kronenhalle Stammgäste (Reservierung erforderlich!). Gegessen wird unter einem echten Chagall, Kandinsky oder Miró. Nachmittags kann man die hochkarätige Kunst besonders genießen, denn dann ist es hier herrlich ruhig. Max Frisch befand, daß »das Geheimnis der Kronenhalle eines jener Rätsel ist, die man nicht entschlüsseln kann«. Ein Muß!
Rämistr. 4
Tel. 2 51 66 69
Tram 2, 4, 5, 8, 9, 11, 15 (Bellevue, d 5)
Tgl. 12–23.30 Uhr
Luxusklasse (AE, DC, EC, Visa)

Latino ■ E 4

Italienische Küche in Seenähe. Vorzüglich die Seezunge, mittwochs und freitags die Spaghetti alle vongole.
Seegartenstr. 14
Tel. 3 83 40 43
Tram 2, 4 (Kreuzstraße, d 5)
Mo–Fr 11.30–14 und 18.30–22.30,
Sa nur 18.30–22.30 Uhr
Mittlere Preisklasse (AE, DC, EC, Visa)

Mövenpick ■ C 3

Zürich ist die Mutterstadt der berühmten Restaurantkette. Der Haute-Cuisine-Tempel **Palavrion** (ehemals **Baron de la Mouette**) befindet sich im Mövenpick-Dreikönigshaus in der Beethovenstr. 32. Daneben gibt es ein gutes Dutzend sehr anständige Filialen in und um Zürich herum.
Alle Preisklassen (AE, DC, EC, Visa)

Oepfelchammer ■ D 2

Stammlokal von Gottfried Keller. Heute sitzen an den alten Tischen mit Vorliebe Studenten, denen die riesigen Portionen besonders gelegen kommen.
Rindermarkt 12
Tel. 2 51 23 36
Tram 3 (Neumarkt, d 4)
Tgl. außer So 11.30–13.45 und 18–21.45 Uhr
Untere Preisklasse (AE, DC, EC, Visa)

Petermann's Kunststube

Der Gourmettempel liegt außerhalb der Stadt in Küsnacht. Es beginnt schon mit einem delikaten **Amuse-gueule**. Petermann hat immer andere saisonabhängige Kreationen auf der Speisekarte. Im Restaurant werden Bilder der benachbarten Galerie ausgestellt.
Seestr. 160
Tel. 9 10 07 15
Tgl. außer Mo und So 12–14 und 19–21 Uhr
Luxusklasse (AE, DC, EC, Visa)

Piccoli Accademia ■ A 2/B 2

Schon bedeutende Künstler wie Therese Giehse und Bertolt Brecht wußten dieses Restaurant zu schätzen. Der **Riserva del Padrone** und so manches Gericht, bei dem Hühnerleber dabei ist, sind wirklich köstlich. Konservative Höchstqualität, die allerdings ihren Preis hat.

Reservierung erforderlich.
Rotwandstr. 48
Tel. 2 41 42 02
Tram 2, 3, 8, 9, 10, 14 (Stauffacher,
c 4)
Tgl. außer Sa und So 11.30–14
und 18.30–22.45 Uhr
Obere Preisklasse (AE, EC, Visa)

Pinte Vaudoise ■ D 3
Käsefondues aus verschiedenen
Regionen der Schweiz.
Kruggasse 4
Tel. 2 52 60 09
Tram 2, 4, 5, 8, 9, 11, 15 (Bellevue,
d 5)
Tgl. außer So 11–14 und 17.30–23,
Sa nur 17.30–23 Uhr
Untere Preisklasse (AE, DC, EC,
Visa)

Rechberg ■ E 2
Beliebtes familiäres Edel-Restau-
rant. Auch Max Frisch saß hier des
öfteren. Die Küche wird zwar etwas
überschätzt, aber der Service läßt
nichts zu wünschen übrig.
Seilergraben 21
Tel. 2 51 17 60
Tram 3; Bus 31 (Neumarkt, d 4)
Tgl. außer So und Mo 11–14.30
und ab 18 Uhr, Sa ab 18 Uhr
Luxusklasse (AE, DC, EC, Visa)

Rheinfelder Bierhaus ■ D 2
Hier trifft sich alles: der Zechbruder,
der Student, der Tourist, der Durch-
schnittszürcher. Das Essen, typi-
sche Zürichkost, ist sehr billig, allerdings nichts für verwöhnte Fein-
schmecker.
Marktgasse 19
Tel. 2 51 54 64
Tram 4, 15 (Rathaus, d 4)
Tgl. 10–0.30 Uhr
Untere Preisklasse (keine Kreditkarten)

Rosaly's ■ D 3
Bar und Restaurant – beides ein
bißchen schräg, also voll im Trend.
Schweizer Küche auf der Höhe
der Zeit, z. B. Gehacktes mit Hörnli
und Mistkratzerli, gute Schweizer
Weine.
Freieckgasse 7
Tel. 2 61 44 30
Tram 2, 4, 5, 8, 9, 11, 15
(Bellevue/Bahnhof Stadelhofen, d 5)
Tgl. außer Do, Fr und Sa 11.30–14
und 18–21.45 Uhr
Untere Preisklasse (AE, DC, EC,
Visa)

Rosengarten ■ E 3/F 3
Ausgezeichnete Quartierbeiz mit
treuen Kunden und einer ausgewo-
genen Küche. Auch ein vegetari-
sches Gericht ist immer dabei. Der
Raum ist klein und gemütlich, im
Sommer sitzt man auf der herrlichen
Terrasse. Reservierung erforderlich.
Gemeindestr. 60
Tel. 2 51 37 36
Tram 3, 8 (Hottingerplatz, d 4)
Mo–Sa 8.30–23.30, So 12–22 Uhr
Mittlere Preisklasse (keine Kredit-
karten)

Sala of Tokyo
Erste Adresse für japanische Küche.
Das Sushi ist hervorragend, das
Ambiente gemütlich und familiär.
Nicht ganz billig. Reservierung erfor-
derlich.
Limmatstr. 29
Tel. 2 71 52 90
Tram 4, 13 (Sihlquai, c 3)
Tgl. außer So und Mo 11.45–14
und 18–22.45 Uhr
Luxusklasse (AE, DC, EC, Visa)

Schlauch ■ D 2
Das einzige Billard-Restaurant der
Stadt. Ein riesiger Billardsaal. Das
Essen schlicht, gesund, leicht alter-
nativ, auch die Weine sind aus biolo-
gischem Anbau.

Münstergasse 20
Tel. 2 51 23 04
Tram 4, 15 (Rathaus, d 4)
Mi–So 11.30–14 und 18–21 Uhr,
Mo und Di geschl.
Untere/Mittlere Preisklasse (keine
Kreiditkarten)

Spaghetti Factory Rosenhof ■ D 2
Nudelgerichte en masse, aber mit
Qualität. In dem schön renovierten
Raum können Sie auch noch nach
Mitternacht essen. Günstig im
Preis, praktisch auch für denjenigen,
der's eilig hat.
Niederdorfstr. 5
Tel. 2 51 94 00
Tram 4, 15 (Rudolf-Brun-Brücke, d 4)
Tgl. 10–2 Uhr
Mittlere Preisklasse (AE, Visa)

Sukhothai
Der Nobelthailänder Zürichs, teuer,
aber auch unübertroffen die Num-
mer eins, was asiatische Küche an-
belangt. Die Gerichte sind leicht und
ausgezeichnet gewürzt. Die Bedie-
nung sehr zuvorkommend. Reservie-
rung erforderlich.
Erlachstr. 46
Tel. 4 62 66 22
Tram 9, 14 (Schmiede Wiedikon, b 4)
Di–Fr 12–14 Uhr,
Mo–Sa 17–22.30 Uhr
Luxusklasse (AE, DC, EC, Visa)

Syrtaki ■ B 2
Griechische Küche, griechischer
Wein… ein guter Grieche in der
Aussersihl. Die Gerichte werden
phantasievoll zubereitet, die Gäste
kommen gern, es ist immer voll.
Werdstr. 66
Tel. 2 42 53 59
Tram 2, 3, 8, 9, 10, 14 (Stauffacher,
c 4)
Tgl. außer So 11.30–14 und
17.30–23 Uhr
Untere Preisklasse (EC, Visa)

Tres Kilos
Mexikanische Spezialitäten in locke-
rer, jugendlicher Atmosphäre. Zum
Corona oder zum Tequila gibt's
Tortilla-Chips gratis. Im Sommer
trifft man sich in dem traumhaften,
von einem Wildrebendach überwu-
cherten Vorgarten.
Dufourstr. 175
Tel. 4 22 02 33
Tram 2, 4 (Fröhlichstr., e 5)
Tgl. 18–22.30 Uhr (warme Küche)
Mittlere Preisklasse (EC, Visa)

Tübli ■ E 3
Tempel der Nouvelle cuisine, auch
noch nach dem plötzlichen Tod der
Schweizer Meisterköchin Agnes
Amberg. Ein Spitzenrestaurant, in
dem sieben Gänge zum Ereignis
werden können. Daß Ihre Armani-
Jacke nicht aus dem Rahmen fällt,
versteht sich von selbst. Reservie-
rung erforderlich.
Hottingerstr. 5
Tel. 2 51 26 26
Tram 3, 5, 8, 9 (Kunsthaus, d 4)
Tgl. außer Sa und So 12–14 und
19–23 Uhr
Luxusklasse (AE, DC, EC, Visa)

Wolfbach ■ E 3
Vorzüglich zubereitete Süßwasser-
fische aus der Region lassen das
Herz eines jeden Fischliebhabers
höher schlagen. Eine exzellente At-
mosphäre und guter Service sorgen
für eine treue Kundschaft. Für den
besonderen Anlaß wie für das Ge-
schäftsessen eine Topadresse.
Reservierung erforderlich.
Wolfbachstr. 35
Tel. 2 52 58 10
Tram 3, 5, 8, 9 (Kunsthaus, d 4)
Tgl. außer So und Mo 12–14 und
18–21.30 Uhr
Luxusklasse (AE, DC, EC, Visa)

Zeughauskeller ■ C 2

Deftige, aber durchaus schmack-
hafte Gerichte in einem riesigen
Biersaal. Günstig für einen Zwischen-
stopp beim Einkaufsbummel.
Bahnhofstr. 28a
Tel. 2 11 26 90
Tram 2, 6, 7, 8, 9, 13 (Paradeplatz,
c 4/c 5)
Tgl. 11.30–23 Uhr
Mittlere Preisklasse (AE, Visa)

Zum Grünen Glas ■ D 2

Französisch-schweizerische Küche,
teilweise vom Feinsten. Nieder-
spannungslampen hängen von der
Decke und verbreiten angenehmes
Licht. Der Wirt strahlt – kein Wun-
der, denn in seinem Lokal ist es im-
mer voll. Reservierung erforderlich.
Untere Zäune 15
Tel. 2 51 65 04
Tram 3 (Neumarkt, d 4)
Tgl. außer So 12–14 und
18.15–22 Uhr
Mittlere Preisklasse (AE, DC, EC,
Visa)

Zunfthaus zur Schmieden ■ D 2

Konventionelle, gutbürgerliche
Speisen, aber von einer so hohen
Qualität, daß selbst Fachleute ins
Schwärmen geraten! Ein echter
Feinschmeckertempel.
Marktgasse 20
Tel. 2 51 52 87
Tram 4, 15 (Rathaus, d 4)
Tgl. 11.30–14 und 18–22 Uhr
Obere Preisklasse/Luxusklasse
(AE, DC, EC, Visa)

Zünftig geht's im Restaurant Zeughauskeller zu

ZÜRICH ERLEBEN

Cafés

Aquarium ■ D 2
Klassisches Kaffeehaus über zwei
Etagen, im dritten Stock mit schöner
Terrasse.
Limmatquai 104
Tram 3, 4, 6, 7, 10, 15 (Central, d 4)
So–Do 6.30–23,
Fr und Sa 6.30–24 Uhr

Gran Café ■ D 2
Zentral gelegenes Kaffeehaus.
Eine gute Adresse für den Flaneur,
der eine Pause braucht. Preiswerte
Tagesgerichte.
Limmatquai 66
Tram 4, 15 (Rathaus, d 4)
Tgl. 6–24 Uhr

Honold ■ C 2
Nicht ganz preiswert, dafür aber
eine der führenden Konfiserien
Zürichs.
Rennweg 53
Tram 6, 7, 11, 13 (Rennweg, c 4)
Tgl. außer So 7.30–18.30,
Sa 7.30–17 Uhr

Rathaus ■ D 2
Schlichtes, modernes Allerwelts-
café, mit hübscher Terrasse an der
Limmat. Schon bei den ersten Son-
nenstrahlen ist jeder Platz besetzt.
Limmatquai 61
Tram 4, 15 (Rathaus, d 4)
Mo–Fr 7–20, Sa 8–20,
So 9–19.30 Uhr

Regenbogen ■ D 2
Grooviges Musikcafé. Kleine, auch
vegetarische Gerichte. Die Terrasse
geht auf den belebten Rosenhof.
Rosengasse 6
Tram 4, 15 (Rathaus, d 4)
Mo–Mi 11.30–22, Do–Sa 11.30–24,
So 15–22 Uhr

Salomon ■ D 2
Mitten in der Altstadt ein idyllischer
Café-Garten, wo man gemütlich
sitzt und sich von den Strapazen des
Einkaufsbummels erholen kann.
Münstergasse 9
Tram 4, 15 (Rathaus, d 4)
Tgl. außer So und Mo 12–19 Uhr

DER BESONDERE TIP

Alpenrose Frisch geliftet, ist aus der ehemaligen Quartierbeiz ein stadtbekanntes Lokal geworden. Der einfache, für Zürcher Verhältnisse ungewöhnlich hohe Raum
erinnert ein wenig an Wiener Kaffeehäuser, und genau
darin liegt auch schon sein besonderer Reiz. Nachmittags kann man
hier herrlich Kaffee trinken, und mittags wie abends werden ohne
prätentiöses Gehabe Köstlichkeiten serviert. Die Speisekarte ver-
heißt »Edles aus der Schweiz« und bietet von der Suppe bis zur
Alpenrose Schoggi Mousse Gerichte aus den Schweizer Kantonen.
Das Publikum ist gemischt und kommt von überall her. Reservierung erforderlich. Fabrikstr. 12, Tel. 2 71 39 19, Tram 4, 13 (Quel-
lenstraße, c 3), Mittlere Preisklasse, keine Kreditkarten ■ H 4

Schober ■ D 2

Kitschige Märcheneinrichtung: Wer ein »Schokoladen-Musical« inszenieren will, hat hier schon die optimale Kulisse. Ein Highlight, das nicht nur Kinderaugen zum Staunen bringt. Die heiße Schokolade ist berühmt, und die Rumtrüffel sind einfach göttlich.
Napfgasse 4
Tram 4, 15 (Rathaus, d 4)
Mo–Fr 8–18.30, Sa 8–16.30, So 9–19.30 Uhr

Sprüngli ■ C 3

Der andere Spitzenreiter unter Zürichs Konfiserien. Weltberühmt sind seine Schokoladen, Pralinen und »Luxemburgerli«, nicht weniger phantastisch das opulente, durchaus erschwingliche Frühstück.
Paradeplatz
Tram 2, 6, 7, 8, 9, 11, 13 (Paradeplatz, c 4/c 5)
Tgl. außer So 7.30–18.30, Sa 7.30–17.30 Uhr

St. Gotthard ■ C 2/C 3

Gediegenes Boulevard-Café an der Bahnhofstraße. Ideal für gestreßte Shopper.
Bahnhofstr. 87
Tram 6, 7, 11, 13 (Bahnhofstraße, c 4)
Tgl. 11–23.30 Uhr

Teehaus No ■ C 2

Für denjenigen, der seine Tea time braucht. Gigantische Teeauswahl.
Kuttelgasse 7
Tram 6, 7, 11, 13 (Rennweg, c 4)
Mo–Mi und Fr 6.30–20, Do 6.30–22, Sa 6.30–17 Uhr

Zähringer ■ D 2

Ein Kollektiv aus den politisch bewegten 80er Jahren, erwartungsgemäß mit leicht alternativem Touch. Mittwoch abends Kulturprogramm.
Zähringerplatz 11
Tram 4, 15 (Rudolf-Brun-Brücke, d 4)
Di–Fr 6.30–24, Sa und So 5–24 Uhr

Die köstlichen Sprüngli-Torten gefährden jedes Diätvorhaben

Eßdolmetscher

A

Anke: Butter
Apéro: Aperitif

B

Baumnüsse: Walnüsse
Beignet: Küchlein
Beiz: kleines Restaurant
Binätsch: Spinat
Birä, Bire: Birne
Bölle: Zwiebeln
Burehamme: Bauernschinken, gekocht
Bürli: vierteiliges Halbweißbrot

C

Chabis: Kohl, Kraut
Chäs: Käse
Chefe: Zuckerschoten
Chräpfli: Krapfen
Chriesi: Kirschen
Chüngel: Kaninchen
Cipollata: kleine Bratwürste
Cüpli: ein Glas Sekt oder Champagner

E

Egli: Barsch
Eierschwämm: Pfifferlinge

F

Flädli: in Streifen geschnittene Pfannkuchen
Fleischvögel: Rouladen
Frappé: Milchmixgetränk
Fritüre: heißes Fett- und Ölbad

G

Gitzi: Rehkitz
Glace: (Speise-)Eis
gluschtig: appetitlich
Gnagi: gepökelte Schweinshaxe
Gschnätzlets: fein geschnittenes Fleisch
Gschwellti: Pellkartoffeln
Güggeli: Hähnchen

H

Haber: Hafer
Häfeli: Schmortopf
Härdöpfel: Kartoffeln
Härdöpfelstock: Kartoffelpürree
Hörnli: kleine gebogene Nudeln

J

Jus: Saft

K

Kafi: Kaffee
Knöpfli: Spätzle, Nocken

L

Leckerli: kleines rechteckiges Honiggebäck

M

Marroni: Eßkastanien
Meertrübeli: Johannisbeeren
Metzgete: Schlachtfest, Produkte vom Schlachtfest
Milke: Kalbsbries, Kalbsmilch
Mistkratzerli: Hähnchen

N

Nägeli: Gewürznelken
Nidel: Sahne
Nüsslisalat: Feldsalat

O

Ofechüechli: Windbeutel

P

Panache: Alsterwasser, Radler
Pariser Brot: Baguette
Peterli: Petersilie
Plätzli: Schnitzel, Teigstück

R

Räbe: Kohlrüben
Rande: rote Bete
Rippli: geräucherte Schweinsrippe
Röschti: Bratkartoffeln nach Schweizer Art
Ruchbrot: dunkles Brot
Rüebli: Karotten
Rys: Reis

S

Suuser: junger unvergorener Wein
Schlegel: Keule
Schöffigs: Schaffleisch, Hammel
Schoggi: Schokolade
Semmeli: Weißbrötchen

T

Täfeli: Bonbon
Tätsch, Tatsch: Brei, Backwerk, Omelette
Traiteur: Feinkostgeschäft
Tranche: Scheibe

V

Voressen: Ragout

W

Wädli: Haxn
Wähen: Früchte- oder Gemüsekuchen
Weggli: Milchbrötchen
Wii: Wein

Z

Zapfe: Korken
Zmittag: Mittagessen
Zmorge: Frühstück
Znacht: Abendessen
Znüni: Vormittagsimbiß
Züpfe: Hefezopf
Zvieri: Nachmittagsimbiß
Zwible: Zwiebeln

Auch in der Schweiz ist die Auswahl
an Backwaren überwältigend

Zürich ist der Ort der Swatch, des Schweizer Taschenmessers, herzhafter Champagnertrüffel und Pralinees: also schlichtweg ein Einkaufsparadies.

Manch einer kommt nur nach Zürich, um hier einzukaufen, denn die Stadt ist ein Dorado des Konsums. Es locken die feinsten Boutiquen, die erlesensten Fachgeschäfte, die nobelsten Antiquitätenläden und Auktionshäuser, aber auch Kaufhäuser, die kein Limit im Angebot zu kennen scheinen. Zürichs Einkaufsspektrum ist immens, jedoch der Raum, auf dem sich die Geschäfte konzentrieren, eher klein. Mühelos lassen sich die Einkaufsbereiche zu Fuß oder mit der Tram bewältigen.

Bahnhofstraße – Shopping-meile von Weltformat

Hauptmeile der Einkaufslust und nicht nur Zentrum versteckter Bankenmacht ist eindeutig die **Bahnhofstraße**. Sie ist Zürichs Symbol Nummer eins für Wohlstand und wirtschaftlichen Aufschwung. Von Linden bewachsen, erstreckt sie sich auf gut einem Kilometer vom Hauptbahnhof bis zum See, ein Geschäft reiht sich an das andere – und da sie in der Mitte nur von der Tram befahren wird, herrschen hier ge-

Nur standhafte Leute gehen bei Juwelier Hofmann achtlos vorüber

radezu optimale Bedingungen für einen Einkaufsbummel. Aber auch ihre Seitenarme, wie die Straße **In Gassen**, die **Augustinergasse**, der **Rennweg** und die gegenüberliegenden **Sihl**- und **Uraniastraße** sowie die parallel verlaufende **Löwenstraße** gehören zum bevorzugten Shopping-Bereich. Und wer sich ausruhen möchte, geht in eine der vielen Bars, Cafés oder Restaurants.

Designerboutiquen und Jeansshops

Wenn Sie exklusive Designermode suchen, sind Sie rund um die **Storchengasse** an der richtigen Adresse: Hier reiht sich diskret und unscheinbar ein »Signet« an das andere: Armani, Versace, Lagerfeld, Kenzo – die ganze Prêt-à-porter-Mode von internationalem Rang ist hier vertreten.

Der **Limmatquai** auf der anderen Seite des Flusses lockt mit seiner etwas preiswerteren und jugendlicheren Mode: Filialgeschäfte von Hennes und Mauritz, Modissa, Benetton, Schuhgeschäfte, Jeans- und T-Shirt-Shops liegen hier fast Tür an Tür. Wer sich in das Gassengeäst vom **Nieder- und Oberdorf**, dem sogenannten **Dörfli**, begibt, wird neben Geschäften, die wie vergrößerte Puppenstuben wirken, Buchhandlungen mit reichbestückten Antiquariaten sowie Antiquitätengeschäfte en masse neben Bars und Restaurants finden.

Auf Schnäppchenjagd im Aussersihl

Preiswerter und nicht annähernd so schick sind die Läden in den **Aussersihl-Vierteln**. Dazu muß man sich in die Tram setzen (Station Helvetia oder Stauffacherplatz) und das Umfeld der Langstraße aufsuchen. Im Grunde findet man hier das gleiche Angebot wie im Stadtzentrum, dafür allerdings deutlich billiger. Eine Schnäppchenjagd besonderer Art ist darüber hinaus im Sommer- oder Winterschlußverkauf möglich: So manches teure Produkt wird dann zu einem unglaublich niedrigen Preis verscherbelt.

Das Souterrain des Hauptbahnhofs (Shop Ville) und das Untergeschoß vom Bahnhof **Stadelhofen** wie auch die nahe gelegene **Stadelhoferpassage**, wo Max Frisch die letzten Jahre seines Lebens verbrachte, ähneln in etwa dem, was wir Einkaufszentrum nennen. Die Geschäfte in den beiden Bahnhöfen haben den Vorteil, daß sie einschließlich Samstag und Sonntag bis 20 Uhr geöffnet sind.

Öffnungszeiten

Die Einzelhandelsgeschäfte sind gewöhnlich montags bis freitags von 9 bis 18.30 und samstags von 8 bis 16 Uhr geöffnet. Ausnahmen bilden die oben genannten Ladenpassagen, in denen Sie auch am Wochenende einkaufen können. Am langen Donnerstag schließen die Läden in der City erst um 21 Uhr.

Antiquitäten

Antiquitätengeschäfte und Antiquariate gibt es in Zürich in Hülle und Fülle. Ihre Händler findet man auch auf dem Flohmarkt am Bürkliplatz. (→ Märkte, S. 65) Und wer gerne stöbert, kann darüber hinaus bei den sogenannten Brockenhäusern (Secondhand und Trödel) fündig werden (**Brocki-Land**, Sihlquai 101; **Verein Zürcher Brockenhaus**, Neugasse 11).

Abraham ■ D 2/D 3
Lampen, Möbel und wunderbarer Schmuck aus der Art-deco-Zeit.
Münstergasse 24
Tram 4, 15 (Rathaus, d 4)

Antiquitäten zum Burestübli ■ D 2
Altes Spielzeug, vor allem Puppen, sowie rustikale Bauernmöbel.
Neumarkt 5
Tram 3 (Neumarkt, d 4)

Antiquitäten M. Kiener ■ D 2
Spezialisiert auf Silber, Kunsthandwerk und Kunstbücher.
Neumarkt 29
Tram 3 (Neumarkt, d 4)

Galerie des Arts Décoratifs ■ D 3
Art-deco-Paradies. Die Objekte sind vom Feinsten, die Preise allerdings auch.
Oberdorfstr. 23
Tram 4, 15 (Helmhaus, d 4)

Spiegel + Art Deco Extra ■ C 2
Lampen und Nippes aus den 20er und 30er Jahren, Spiegel und Spiegelrahmen auch aus früheren Jahrhunderten. Beeindruckende Auswahl.
Oetenbachgasse 3
Tram 6, 7, 11, 13 (Rennweg/Augustinergasse, c 4)

Bücher/Antiquariate

Alfred Barth ■ C 2/C 3
Große Auswahl an Wanderkarten sowie Landkarten der Umgebung.
Bahnhofstr. 94
Tram 6, 7, 11, 13 (Bahnhofstr., c 4)

Filmbuchhandlung Rohr ■ D 3
Für Cineasten ein Traum: Literatur, Bildbände und Lexika zum Thema Film in einzigartiger Auswahl. Nette Beratung.
Oberdorfstr. 5
Tram 2, 4, 5, 8, 9, 11, 15 (Bellevue, d 5)

Klio ■ D 2
Auf Philosophie, Geistesgeschichte und Geschichte spezialisierte Buchhandlung. Das reichhaltige **Antiquariat** ist in der nahe gelegenen Weinbergstr. 15 zu finden.
Zähringerstr. 41
Tram 3, 4, 6, 7, 10, 15 (Central, d 4)

Krauthammer ■ D 2
Kunst des 20. Jh. und Architektur bilden die Themenschwerpunkte.
Obere Zäune 4
Tram 4, 15 (Rathaus, d 4)

Libreria El Condor ■ E 2
Hier ist der sprachgewaltige Raum Südamerikas vertreten.
Seilergraben 43
Tram 3 (Neumarkt, d 4)

Oprecht ■ D 3
Legendäre Buchhandlung, die sich während der Nazizeit um verfolgte deutsche Emigranten gekümmert hat. Bis heute kursiert das Gerücht, daß damals selbst der Hund von Frau Dr. Oprecht schon fünf Minuten im voraus wußte, wann Else Lasker-Schüler auftauchen würde.
Rämistr. 5
Tram 2, 4, 5, 8, 9, 11, 15 (Bellevue, d 5)

Zum Stöbern optimal: der Flohmarkt auf dem Bürkliplatz

ZÜRICH ERLEBEN

Orell Füssli ■ C 2
Die größte Buchhandlung Zürichs, schon fast eine Art Kaufhaus für gedruckte Buchstaben. Man kann sich aber auch einfach nur hinsetzen und die Bücher anlesen. Im Erdgeschoß gibt es Videos.
Füsslistr. 4
Tram 6, 7, 11, 13 (Rennweg, c 4)

Pinkus Genossenschaft ■ D 2
Wunderbare Buchhandlung im Niederdorf. Ihr Gründer war überzeugter Kommunist. Länder- und themenbezogene Einteilung der Bücher.
Froschaugasse 7
Tram 3 (Neumarkt, d 4)

Geschenke

Aha ■ D 2
Formschöne Objekte, deren raffinierte Konstruktionen wissenschaftliche Tricks verdeutlichen – mit einem Wort: Designerspielzeug. Das Aha-Erlebnis ist im Preis inbegriffen.
Spiegelgasse 14
Tram 4, 15 (Rathaus, d 4)

Atelier D'Art ■ D 2
Für Spiegel, Rahmen und Vergoldereien. Plakate und Postkarten.
Neumarkt 1
Tram 3 (Neumarkt, d 4)

Papier 5 ■ D 2
Postkarten, Notizhefte, Schreibzeug. Unaufdringliches Styling.
Neumarkt 5
Tram 3 (Neumarkt, d 5)

Schweizer Heimatwerk
Schweizer Kunsthandwerk von hoher Qualität. Spiele aus Holz, Schnitzereien und Stickereien. In der Filiale im Rennweg modernes Schweizer Design.
– im Hauptbahnhof
– Bahnhofstr. 2

Tram 2, 8, 9, 11 (Börsenstraße, c 5)
– Rudolf-Brun-Brücke
Tram 4, 15 (Rudolf-Brun-Brücke, d 4)
– Rennweg 14
Tram 6, 7, 11, 13 (Rennweg (Augustinergasse, c 4)

Für Kinder

Kids Extra ■ D 2
Kinderboutique mit tragbarer Kleidung für den Alltag. Markenartikel von Red + Blue, Florian, Diesel, Mini-Man und JKKS.
Weinplatz 8
Tram 4, 15 (Rathaus, d 4)

Pastorini ■ D 2
Der schönste Spielzeugladen der Stadt. Kein Plastik. Das oberste Stockwerk ein Paradies für kleine und große Bastler.
Weinplatz 3
Tram 4, 15 (Rathaus, d 4)

Palace babar ■ D 3
Schmuck und kleine Geschenkartikel. Schuhe von Moschino und Pom d'Api, Mode u. a. von Dona Karan.
Storchengasse 2
Tram 4, 15 (Rathaus, d 4)

Konfiserie

Honold ■ C 2
Die Luxuskonfiserie der Stadt verspricht unvergeßliche Gaumenfreuden.
Rennweg 53
Tram 6, 7, 11, 13 (Rennweg/Augustinergasse, c 4)

Schober ■ D 2
Ein Schokoladen- und Verpackungsparadies erster Güte, das man sich unbedingt anschauen sollte. Die älteste Konditorei der Stadt.
Napfgasse 4
Tram 4, 15 (Rathaus, d 4)

Sprüngli
An den »Luxemburgerli« und den Trüffeln dieser weltberühmten Konfiserie ist nur schwer vorbeizukommen. Auch das Eis sollte man nicht unprobiert lassen.
– im Hauptbahnhof
– im Bahnhof Stadelhofen
– Löwenstraße
– Bahnhofstr. 21
– Paradeplatz
Tram 2, 6, 7, 8, 9, 11, 13 (Paradeplatz, c 4/c 5)

Für die Küche

Schmucklersky
Küchenutensilien, die die Stunden am Herd optisch und praktisch verschönern. Auch alle Ersatzteile.
Badenerstr. 101
Tram 2, 3, 10 (Bezirksgebäude, b 4)

Lebensmittel und Delikatessen

Bianci ■ D 2
Das erste Fisch-, Wild- und Geflügelgeschäft der Stadt im Art-deco-Ambiente. Sehr teuer, aber natürlich auch sehr schön. Bianci ist nur freitags und samstags geöffnet. Samstags ab 14 Uhr gibt es Fisch zum halben Preis. Das Gedränge gehört dazu.
Marktgasse
Tram 4, 15 (Rathaus, d 4)

Migros ■ C 1
Die wohl bekannteste Lebensmittelkette der Schweiz und sicher auch eine der preiswertesten. Migros-City ist außerdem auch ein sehr kostengünstiges Kaufhaus. Keine Zigaretten und Alkoholika. Die Filiale im Hauptbahnhof ist täglich bis 20 Uhr geöffnet.

Müdespacher Käsehandlung ■ D 2
Hier kommt der Käseliebhaber auf seine Kosten. Gute Beratung und sehr freundliche Bedienung.
Marktgasse 11
Tram 4, 15 (Rathaus, d 4)

Märkte

Blumen- und Gemüsemarkt
– Bürkliplatz, Helvetiaplatz ■ C 3/D 3
Tram 2, 5, 8, 9, 11
Di und Fr 6–11 Uhr
– Marktplatz Oerlikon
Mi und Sa 6–11 Uhr
– Limmatquai (beim Central) ■ D 1
Tram 4, 15
Sa 6–11 Uhr

Flohmarkt ■ C 3/D 3
Allein die Lage am See wäre schon Grund genug, zum Stöbern hierherzukommen. Daneben ist jedoch auch das breite Angebot, das von normalem Trödel bis zu exklusiven Antiquitäten reicht, verführerisch.
Bürkliplatz
Tram 2, 5, 8, 9, 11 (c 5)
Mai–Okt. Sa 6–16 Uhr

TOP TEN
10

Rosenhofmarkt ■ D 2
Kunsthandwerk und Kuriositäten auf dem Rosenhof im Niederdorf.
Tram 4, 15 (Rathaus, d 4)
Mitte März–23. Dez.
Do 10–18.30 Uhr, Sa 10–16 Uhr

Weihnachtsmarkt
In der Altstadt
7.–23. Dez. tgl.

Kiwanis-Weihnachtsmarkt ■ C 3/D 3
In der Stadthausanlage (Bürkliplatz, c 5)
Tram 2, 5, 8, 9, 11
8.–16. Dez. tgl.

Mode

A Propos ■ D 2
Das Geschäft des Schweizer Mode-
machers Ernst Walder mit einer an-
spruchsvollen Kollektion.
Limmatquai 36–38
Tram 4, 15 (Rathaus, d 4)

Big
Das Schweizer Pendant zu »H&M«.
Preiswerte Mode, die neueste
Trends in Windeseile aufgreift.
– Bahnhofstr. 73 ■ C 2
Tram 6, 7, 11, 13 (Rennweg, c 4)
– Limmatquai 88 ■ D 2
Tram 4, 15 (Rudolf-Brun-Brücke, d 4)
– Shop Ville im Souterrain des
Hauptbahnhofs ■ C 1

Entre deux ■ D 3
Designermode zu Sonderpreisen.
Klamotten von Armani, Montana,
Versace und anderen Top-Couturiers
werden hier bis zu 50 % billiger ver-
kauft. Die Filialen mit vergleichbar
günstigen Angeboten heißen **Fiasko**
(Hottingerstr. 46, d 4) und **Spexial**

(Klosbachstr. 45).
Waldmannstr. 10
Tram 2, 4, 5, 8, 9, 11, 15 (Bellevue,
d 5)

Fabric Frontline ■ A 2
Das Seidenhaus des Seidenmannes
von Zürich: André Stutz. Sein buntes
Stylingprogramm verkauft sich in die
ganze Welt. Das Geschäft befindet
sich mitten im Sündenpfuhl von
Zürich, was jedoch keinen modebe-
wußten Herrn davon abhält, seine
originellen Krawatten mit Stolz zu
tragen.
Ankerstr. 118
Tram 8 (Helvetiaplatz, b 4)

Fein-Kaller ■ C 2
Für den Mann wie für die Frau.
Die feine, eher gediegene Mode.
Bahnhofstr. 84
Tram 6, 7, 11, 13 (Bahnhofstraße,
c 4)

DER BESONDERE TIP

Schwarzenbach steht für eines der bekanntesten Koloni-
alwarengeschäfte der Welt. Schwarzenbach steht aber
auch für Nostalgie, Tradition und für eine Inneneinrich-
tung, die sich seit 1912 nicht geändert hat. In Bastkör-
ben locken getrocknete Früchte, elf verschiedene Reissorten werden in großen Papiersäcken aufbewahrt. Herrliche Düfte – nach
Muskat, Zimt oder kandiertem Ingwer – ziehen durch den Raum.
Unzählige Teesorten werden feilgeboten, neben Konfitüren, Teig-
waren, Essigen und Ölen. Berühmt ist Schwarzenbach aber auch
für seinen Kaffee, der zweimal die Woche im Raum neben dem
Laden bei geöffneten Fenstern gemischt und geröstet wird.
Münstergasse19, Tram 4, 15 (Rathaus, d 4) ■ D 2

Mr. X ■ D 2
Männermode. Von Zeit zu Zeit
spektakuläre Preisnachlässe.
Niederdorfstr. 20
Tram 4, 15 (Rudolf-Brun-Brücke, d 4)

Relief ■ D 2
Mode von englischen Designern
wie Paul Smith, sowohl für Männer
als auch für Frauen. Schuhe von
Stéphane Kelian. Nicht allzu billig.
Stüssihofstatt 17
Tram 4, 15 (Limmatquai/Rathaus, d 4)

Sonja Rieser ■ D 2
Erlesene Damenhüte, auch Spezial-
anfertigungen.
Froschaugasse 2
Tram 3 (Neumarkt, d 4)

Thema
Selection/Sissi Zoebeli ■ D 2
Schweizer Designermode. Aber
auch traditionelle Hersteller wie
die beiden Schotten McGeorge
und Aqua Scutum sind vertreten.
Spiegelgasse 16
Tram 3 (Neumarkt, d 4)

Musik

Nina's Jazz & Blues ■ D 3
Wer zu den Jazz- und Bluesfans
zählt, ist in diesem kleinen Geschäft
an der richtigen Adresse. Ausgezeichnete Beratung.
Kirchgasse 32
Tram 4, 15 (Helmhaus, d 4)

Schminke

Tansini ■ D 3
Die nächste Maskerade ist ge-
sichert: Hier findet man Körper-
Schminke, Fasnachts-Schminke,
aber auch Schnurrbärte und Fas-
nachts-Perücken.
Limmatquai 4
Tram 2, 4, 5, 8, 9, 11, 15 (Torgasse/
Bellevue, d 5)

Schlaraffenland für Gourmets: die Kolonialwarenhandlung Schwarzenbach

ZÜRICH ERLEBEN

Schmuck und Uhren

Chronometrie Beyer
Eine der ältesten Uhren-Dynastien
Zürichs, die nicht nur eine hochkarätige Kollektion besitzt, sondern
auch ein Museum der Zeitmessung
eingerichtet hat.
Bahnhofstr. 31
Tram, 6, 7, 8, 9, 1. 13 (Paradeplatz,
c 4/c 5)

Greenwich MT　■ C 3
Antike Uhren, auch altes Spielzeug.
Rindermarkt 17
Tram 3 (Neumarkt, d 4)

Harry Hofmann
Das breite Spektrum der Schmuck-,
Juwelen- und Goldschmiedekunst
reicht von traditionellen Formen aus
dem 18. und 19. Jh. bis zu extrava-
ganten modischen Accessoires von
heute.
– Bahnhofstr. 79 und 87　■ C 2
Tram 6, 7, 11, 13 (Bahnhofstraße)
– Storchengasse 17　■ D 3
Tram 4, 15 (Rathaus, d 4)

Türler
Uhrenatelier am Rindermarkt. Mar-
ken- und Designeruhren von 1920
bis heute. Seit Mitte 1995 steht
im Hauptgeschäft an der Bahnhofstraße ein einzigartiges Zeitmeß-
gerät, die **Türler-Uhr.** Vielleicht
die komplizierteste Uhr der Welt,
da sie kosmisches und irdisches
Zeitmaß zugleich angibt. Für Uhren-
liebhaber ein Muß.
– Bahnhofstr. 28　■ C 3
Tram 6, 7, 8, 13 (Paradeplatz,
c 4/c 5)
– Rindermarkt 21　■ D 3
Tram 3 (Neumarkt, d 4)

Schuhe

Softart
Schuhe, wie sie gerade Mode sind,
nur – wie der Name schon sagt –
etwas softiger, dezenter.
Predigerplatz 10
Tram 3 (Neumarkt, d 4)

Tacones
Statt dezenter Pumps Schuh-
modelle im neuesten Trend.
Münstergasse 5
Tram 4, 15 (Helmhaus, d 4)

Warenhäuser

EPA
Das billigste Kaufhaus der Stadt,
immer mit Superangeboten.
– Sihlstr. 55　■ B 2/C 2
Tram 2, 9 (Sihlstr.)
– Theaterstr. 18　■ D 3/E 4
Tram 2, 4, 5, 8, 9, 11 und 15
(Bellevue, d 5)

Globus　■ C 2
Luxus-Kaufhaus mit Waren von
höchster Qualität. Wer in die Le-
bensmittelabteilung im Souterrain
geht, sollte dies ohne knurrenden
Magen tun – sonst wäre die Verführung zu groß.
Löwenplatz/Pestalozzianlage
Tram 6, 7, 11, 13 (Bahnhofstr, c 4)

Jelmoli　■ C 2
Solide Preise, gute Auswahl:
das beste Kaufhaus der mittleren
Kategorie.
Seidengasse 1
Tram 6, 7, 11, 13 (Rennweg/Augu-
stinergasse, c 4)

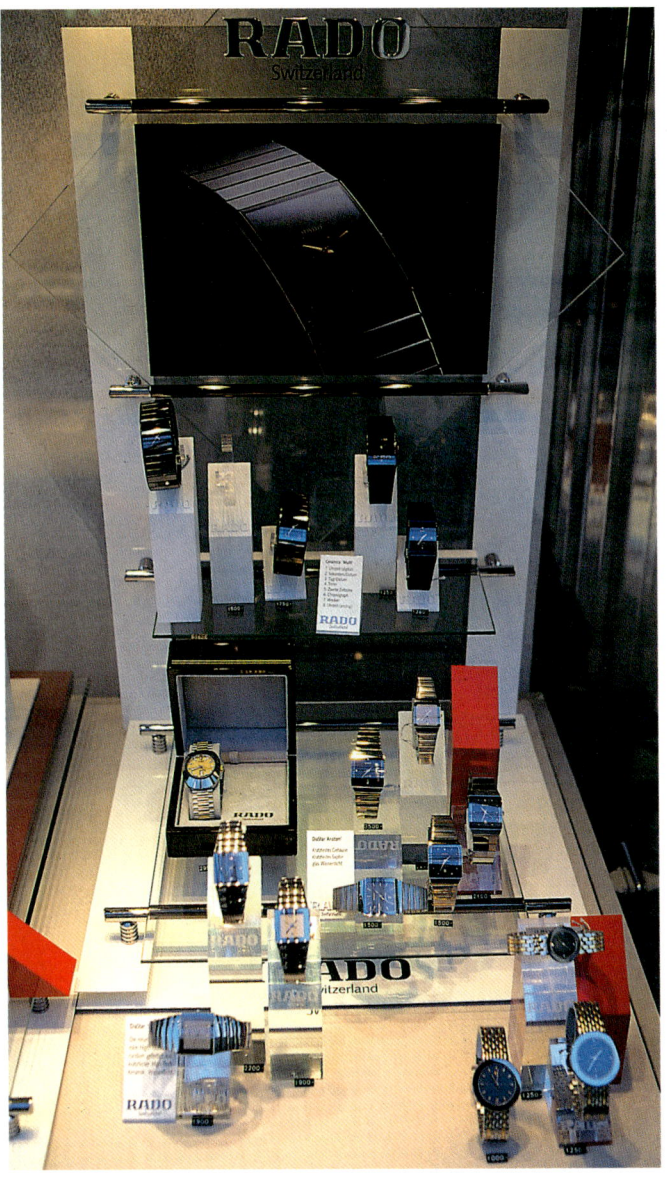

Die Schweizer Uhrenindustrie ist weltberühmt

Das Zürcher Kultur- und Nachtleben, noch bis vor wenigen Jahren als langweilig verschrieen, wird immer vielseitiger und aufregender.

Die Sperrstunde ist allerdings eindeutig der Regent der Nacht. Um Mitternacht wird größtenteils alles geschlossen. Inzwischen haben aber immerhin rund 60 Lokale legal bis 2 Uhr offen, freitags und samstags manche sogar bis 4 Uhr früh. Ansonsten sind den Vergnügungen in Zürich keine Grenzen gesetzt. Musikliebhaber gleich welcher Richtung kommen voll auf ihre Kosten. Opernfreunde zieht es in die weltberühmte **Oper**, Jazzfreunde in das **Moods**, Klassikliebhaber in die **Tonhalle** und einige Kirchen, Popfans in das **Volkshaus** oder die **Sportstadien**. In Zürich, das ist jedenfalls sicher, gastiert aus der Musikbranche alles, was Rang und Namen hat.

Das **Schauspielhaus** und das **Theater am Neumarkt** bieten mit ihren guten Schauspielern, unter denen sich auch sehr bekannte finden, ein vielseitiges Programm, flankiert von niveauvollen Privattheatern und einer hyperaktiven freien Theaterszene. Kulturzentren wie die **Rote Fabrik** und die **Mühle Tiefenbrunnen** kommen hinzu.

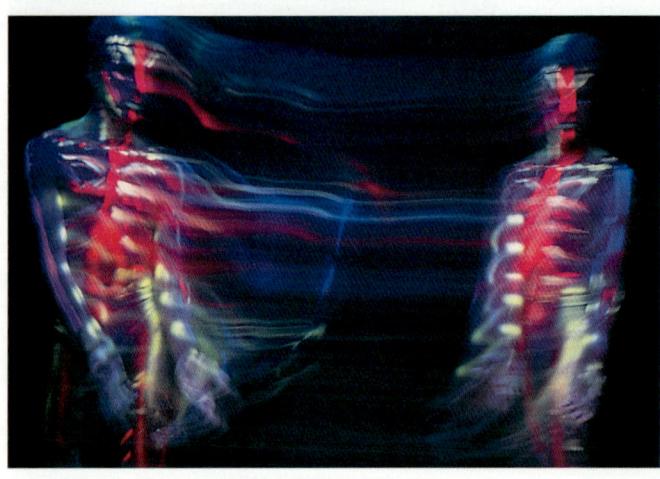

Ein grenzüberschreitender Augenschmaus: avantgardistisches Tanztheater

Um den Escher-Wyss-Platz im Industriequartier expandiert derzeit das Kulturzentrum der Zukunft. Galerien, Kinos und Diskos, aber auch gigantische Bauvorhaben wie das neue Werkzentrum des Schauspielhauses weisen darauf hin. Darüber hinaus ist Zürich ein Mekka für Cineasten, denn in 51 gutgepflegten **Kinos** werden die Filme mit wenigen Ausnahmen im Original mit französischen und deutschen Untertiteln gezeigt – vom Hollywood-Schinken über das Low-Budget-Produkt bis zu Highlights der Filmgeschichte.

Nachtschwärmer
vor der Qual der Wahl

Auch für die Après-Kultur ist Zürich bestens gerüstet: Es gibt unzählige Bars, Musikkneipen, Diskos und Bierhallen. Das traditionelle Vergnügungsviertel ist nach wie vor das **Niederdorf**. Hugo Ball, Emigrant, Dichter, Dadaist und Mitbegründer des skandalumwobenen **Cabaret Voltaire** in der Spiegelgasse, hat es in seinem Roman »Flametti – Vom Dandyismus der Armen« (Suhrkamp Verlag) ausführlich beschrieben.

Doch das Niederdorf Hugo Balls aus dem Ersten Weltkrieg leidet mittlerweile auch unter den Nachteilen, die zu große Popularität mit sich bringt. Nicht jedes Lokal bietet, was es verspricht, und wer nicht aufpaßt, kann schnell eine Menge Geld loswerden. Aber mit Umsicht und Instinkt gibt es im Niederdorf für jede Geschmacksrichtung und Abendlaune einen geeigneten Ort. Das Spektrum reicht von der einfachen Bierhalle über Pianobars, Trendyschuppen, exklusive Weinlokale, Restaurants, Minibars, in denen man beim Aperitif herrlich plaudern kann, und Hardrockkneipen bis zum Stripteaselokal.

Richtig zur Sache geht es nachts in den **Aussersihl-Quartieren**, Kreis vier und fünf. Dort hat sich mit der **Langstraße** eine Miniatur-Reeperbahn gebildet, und drumherum pulsiert das klassische Nachtleben. Hier liegen Kneipen, in denen man sich unvermutet in einer karibischen Stadt wähnt, aber auch die meisten und besten italienischen und spanischen Restaurants, und wer sich treiben läßt, kann so manche Entdeckung machen. Trotzdem ist Vorsicht geboten, denn hier befindet sich auch das berüchtigte Zürcher Drogenzentrum.

Ein anderes Zürcher Spezifikum und Unikum ist die **illegale Kneipen-** und **Partyszene**: Wohnungen, stillgelegte Fabrikhallen, Galerien oder unbenutzte Läden verwandeln sich für kurze Zeit, manchmal gar nur für einen Abend, zu Treffpunkten, Diskos oder Kneipen. Wo und wie das alles stattfindet, erfährt man allerdings nur über Mundpropaganda.

Aktuelle Informationen über das Kultur- und Nachtleben der Stadt enthält der »ZüriTip«, die Freitagsbeilage des »Tages-Anzeigers«. Sie liegt auch kostenlos im Touristenzentrum am Hauptbahnhof aus.

ZÜRICH ERLEBEN

Bars

2. Akt ■ B 2
Einstimmungsbar für die lange
Nacht. Bis 1.30 Uhr bekommt
man etwas zu essen. Freitags und
samstags spielen DJ-Größen ihre
Lieblingslieder.
Selnaustr. 2
Tram 8 (Bahnhof Selnau, c 5)
Tgl. bis 2 Uhr

Älpli Bar ■ D 2
Schunkelbar mit Schweizer Folklore,
in der sich Einheimische wie Touri-
sten tummeln.
Ankengasse 5
Tram 4, 15 (Rathaus, d 4)
Sommer tgl. 18–1.30 Uhr; Winter
tgl. 18–0.30 Uhr

Babalu ■ D 2
Hier präsentiert sich die Szene.
Mode und Musik sind hip.
Die Preise auch nicht schlecht.
Schmidgasse 6
Tram 4, 15 (Rudolf-Brun-Brücke, d 4)
Tgl. 17–24 Uhr

Barfüsser ■ D 2
Bis zur Neueröffnung reine Schwu-
lenbar, jetzt auch für Lesben.
Spitalgasse 14
Tram 4, 15 (Rudolf-Brun-Brücke, d 4)
Tgl. 17–24 Uhr

Barrique ■ D 2
Überschätzter Ort im Niederdorf
mit einer zeitungsdicken Weinkarte,
auch Snacks. Der Wein darf probiert
werden. Im klaren, modernen Styling sollte man sich jedoch eher von
den preiswerten Wochenangeboten
verführen lassen – sonst kann es
teuer werden.
Marktgasse 17
Tram 4, 15 (Rathaus, d 4)
Mo–Sa 6.30–2 Uhr, So 6.30–24 Uhr

CaBaRe
Guter Barkeeper, klassische Drinks
und Tapas. Fr und Sa Live-Musik.
Eichstr. 29
Tram 13 (Laubegg, b 5)
Tgl. bis 24 Uhr; Juli und Aug.
Sa und So geschl.

Don Weber
Am Wochenende ist hier die Hölle
los, denn das Weber liegt im Zür-
cher Partyviertel. Flippig. Essen im
Restaurant. Lockerer Service.
Hardstr. 316
Tram 4, 13 (Escher-Wyss-Platz,
b 3/c 3)
Mo–Fr 11– 24 Uhr Sa 18–24 Uhr,
So geschl.

El Internacional
Trendiges Live-Musik-Programm zu
den gerade angesagten Biersorten.
Das Vollmondbier hat der Besitzer
selbst in Auftrag gegeben. Laut und
verraucht.
Zentralstr. 53
Tram 9, 14 (Schmiede Wiedikon, b 4)
Tgl. 16–0.30 Uhr

Harry's Excelsior Bar
Die Journalisten-Bar. Postmoderner
Chromstahllook. Cooles, gutgeklei-
detes junges und mittelalterliches
Publikum.
Dufourstraße 24
Tram 2, 4 (Opernhaus, d 5)
Mo–Do und So bis 2,
Fr und Sa bis 4 Uhr

Helvetia Bar ■ B 2
Wenn's spät wird, bekommt man
hier immer noch ein Bier. Typisches
Kreis-4-Publikum. Kräftige Küche. Im
Sommer eine angenehme Terrasse.
Stauffacherquai 1
Tram 2, 3, 9, 10, 14 (Stauffacher-
platz, c 4)
Mo–Do 11.30–2 Uhr,
Fr 11.30–4 Uhr, Sa 13–4 Uhr,
So 18–2 Uhr

James Joyce ■ C 2
Das nobelste Pub in der Stadt, gern frequentiert von Bankern aus der nahe gelegenen Bahnhofstraße.
Pelikanstr. 8
Tram 6, 7, 11, 13 (Rennweg/Augustinergasse, c 4)
Mo–Sa bis 24, So bis 18 Uhr

Jules Verne ■ C 2
Unterhalb der Sternwarte. Für schöne Sonnenuntergänge mit Rundumblick wie geschaffen.
Uraniastr. 9
Tram 6, 7, 11, 13 (Bahnhofstraße, c 4)
Mo–Sa 11–24 Uhr, So 15–23.30 Uhr

Kaufleuten-Bar ■ C 2
Immer überfüllte Bar im größten Nachtvergnügungscenter von Zürich. Für alle, die gern gesehen werden wollen.
Pelikanstr. 18
Tram 6, 7, 11, 13 (Rennweg/Augustinergasse, c 4)
Mo–Do 9–2 Uhr, F r 9–24 Uhr, Sa 11.30–24 Uhr, So 17–2 Uhr

Kronenhallen-Bar ■ D 3
Cocktail-Weltmeister Peter Roth weiß, was ein »Lady-killer« ist. Darauf hält man sich etwas zugute. Sehr ruhige Atmosphäre, für finanzkräftige Gäste.
Rämistr. 4
Tram 2, 4, 5, 8, 9, 11, 15 (Bellevue, d5)
Tgl. bis 24 Uhr

Odéon ■ D 3
Einer der traditionsreichen Treffpunkte Zürichs. Inmitten des prächtigen Jugendstilambientes zechten auch schon Albert Einstein und Thomas Mann. Im Sommer auch Tische auf dem Boulevard.
Limmatquai 2
Tram 2, 4, 5, 8, 9, 11 (Bellevue, d5)
Mo–Do 7–2 Uhr, Fr und Sa 7–1 Uhr, So 11–2 Uhr

Olé-Olé-Bar ■ A 1/A 2
Crazy dekoriert. Spleeniger Treff unterschiedlicher Typen.
Langstr. 138
Bus 31, 32 (Militärstraße)
Mo–Sa 15–24 Uhr

Ein Klassiker untrer den Züricher Bars: das prunkvolle Odéon

ZÜRICH ERLEBEN

Olga-Bar ■ D 3
Wer in Ruhe ein Gespräch führen möchte, sitzt hier genau richtig. Das Ambiente ist gemütlich, die Bedienung nett, und aus der Juke-Box trällern gelegentlich Oldies.
Oberdorfstr. 13
Tram 2, 4, 5, 8, 9, 11 (Bellevue, d 5)
Do–Mo 16–0.30 Uhr,
Di und Mi geschl.

Reithallen-Bar ■ C 1
Gehört zum gleichnamigen Restaurant in der ehemaligen Reithalle. Schauspielschüler und Alternativos sind in dem großen, bierhallenartigen Raum besonders häufig vertreten. Günstige Preise. Im Sommer großer romantischer Biergarten.
Gessnerallee 8
Tram 3, 10, 14 (Kaserne, c 4)
Tgl. 18–24 Uhr

Rosaly's ■ D 3
Wie wär's mit einem Drink in einem Raum, der fast wie eine Kunsthalle wirkt? Ivans Apéros sind berühmt und entsprechend begehrt. Es kann also sehr voll und dann auch sehr laut werden. Im hinteren Teil ist es jedoch ruhiger. Gutes Weinangebot und solide Schweizer Küche.
Freieckgasse 7
Tram 2, 4, 5, 8, 9, 11 (Stadelhofen/Bellevue, d 5)
Tgl. 18–24 Uhr

Safari-Bar ■ D 2
Verrauchte Luft, 60er-Sound, punkiges und alternatives Auftreten sind Trumpf. Preiswert.
Zähringerstraße 29
Tram 3, 4, 6, 7, 10 (Central, d 4)
Mo–Sa 12–24 Uhr, So 16–24 Uhr

Splendid ■ D 2
Sehr bekannte und beliebte Pianobar, in der im allgemeinen ausgezeichnete Pianisten spielen. Der Flügel steht in der Mitte, genau wie die Gäste eher älteren Semesters, wenn sie an der Bar oder den wenigen Tischen keinen Platz mehr gefunden haben. Oben gibt's noch einen Raum mit Musikvideos, den Jüngere bevorzugen.
Rosengasse 5
Tram 4, 15 (Rudolf-Brun-Brücke, d 4)
Mo–Fr 17–2 Uhr, Sa 14–2 Uhr

Tina-Bar ■ D 2
Unprätentiöses Pub mit grünen Ledersitzen und gedämpftem Licht. Bei leiser Jazzmusik im Hintergrund fühlen sich besonders Gäste ab 30 wohl.
Niederdorfstr. 10
Tram 4, 15 (Rudolf-Brun-Brücke, d 4)
Tgl. 17–24 Uhr

Velvet ■ D 2
Neue In-Kneipe mit Latino-Touch. In dem kleinen Raum drängen sich alle, die dazugehören wollen. Bis 23 Uhr kann man auch etwas essen.
Schneggengasse 8
Tram 4, 15 (Rathaus, d 4)
Tgl. bis 24 Uhr

Züri-Bar ■ D 2
Alt-68er und junge Alternative kippen zur Rockmusik ihr Bier. Gespräche sind trotzdem möglich und die Preise fair.
Niederdorfstr. 24
Tram 4, 15 (Rudolf-Brun-Brücke, d 4)
Mo–Sa 12–24 Uhr, So 18–24 Uhr

Diskotheken

Castel Pub ■ D 2
Im Erdgeschoß gibt's Drinks an der Bar, im ersten Stock eine Allerweltsdisko.
Spiegelgasse 1
Tram 3 (Neumarkt, d 4)
Mo–Fr 11–2, Fr und Sa 17–2 Uhr

Dynamo
Konzerte, speziell für die Zürcher Undergroundszene. Easy strange listening. Auch Disko. Einer der Treffpunkte für die sogenannte »illegale Szene« Zürichs.
Wasserwerkstr. 21
Tram 11, 14 (Stampfenbachplatz, d 3)

Kaufleuten ■ C 3
Die schickste Disko der Stadt, am Wochenende erwartungsgemäß brechend voll. Der Raum ist groß und top eingerichtet, die Musik gemischt.
Pelikanstr. 18
Tram 2, 9 (Sihlstraße, c 4)
Di–Do und So 23–2,
Fr und Sa 23–4 Uhr

Limmatbar ■ D 2
Ein In-Treff mit Membercard. Vielleicht gelingt es Ihnen ja trotzdem hineinzukommen?
Limmatquai 82
Tram 4, 15 (Rudolf-Brun-Brücke, d 4)
So–Do 19–2 Uhr, Sa 19–4 Uhr

Luv ■ E 4
In-Bar-Disko der Unangepaßten. Jeder Tag hat ein spezielles Programm, donnerstags gibt's z. B. Hip-hop und House, sonntags Oldies. Am Wochenende Konzert.
Kreuzstr. 24
Tram 2, 4 (Kreuzstraße, d 5)
Mo–Do und So 19–2 Uhr,
Fr und Sa 21–4 Uhr

Taifun
Heißer Tip für lange Nächte. House, Rave, Hip-hop und Techno. Die meisten DJ's der Stadt haben ein spezielles Nachtprogramm.
In der Roten Fabrik
Seestr. 395
Tram 6, 7 (Post Wollishofen, c 6),
S1 und S8 (Wollishofen, b 6)
Nur Fr ab 23 Uhr

Jazzkneipen

Jazzklub Moods ■ B 3
Das Jazzlokal der Stadt (mit Restaurant). Mittwochs bis samstags werden Konzerte veranstaltet.
Sihlamtstr. 5
Tram 8 (Bahnhof Selnau, c 5)
Mo 9–16 Uhr, Di–Fr 9–24 Uhr,
So geschl.

Kinos

In den meisten der 51 Kinos sind die Plätze numeriert und können vorbestellt werden. Freitags und samstags kommen die Nachtvorstellungen (**nocturnes**) hinzu. Montags ist es billiger. Aktuelle Programmhinweise enthält der »Kinomagnet« (an Litfaßsäulen).

Programmkino Filmpodium ■ B 2
Themen- oder personenbezogene Programme lassen das Herz des Cineasten höher schlagen. Ein städtisch subventioniertes Filmtheater.
Nüschelerstr. 11
Tel. 2 11 66 66
Tram 2, 9 (Sihlstraße, c 4)

Programmkino Xenix ■ A 2
Das spleenigste Alternativkino von Zürich. Die Leinwand, auf der experimentelle Filme gezeigt werden, befindet sich in einer umgebauten Baracke mit Sofas.
Kanzleistr. 56
Tel. 2 42 04 11
Tram 8 (Helvetiaplatz, b 4)

ZÜRICH ERLEBEN

Musikrestaurants

America Latina ■ B 2
Halbwelttypen, aber auch die süd-
amerikanische Großfamilie und
andere Tanzwütige treffen sich hier,
um in der Mitte des Raumes das
Tanzbein zu schwingen oder auch
nur zum Schwatz. Dazu karibische
Küche.
Müllerstr. 93
Tram 8 (Helvetiaplatz, b 4)
Tgl. bis 24 Uhr

Börse ■ C 3
Für den gediegeneren Geschmack,
Countrymusik, Folklore, Populäres.
Bleicherweg 5
Tram 2, 6, 7, 8, 9 (Paradeplatz,
c 4/c 5)
Mo–Fr 8.30–24 Uhr

Ziegel oh Lac
Die Beiz der Roten Fabrik. Bei schö-
nem Wetter sind die Rockkonzerte
und Open-air-Veranstaltungen direkt
am See ein großer Genuß.
Seestr. 396
Tram 6, 7 (Post Wollishofen, c 6)
S1; und S8 (Wollishofen, b 6)
Di–So 11–24, Fr und Sa 11–2 Uhr

Oper und Klassik

Opernhaus ■ D 4
Anfang der 80er Jahre sorgte die
Oper für Krawalle, was ihren Welt-
ruf und ihre Qualität jedoch in keiner
Weise geschmälert hat. Noch immer
ist sie Zürichs teuerstes und um-
strittenstes Kulturkind. Sänger und
Dirigenten von Rang, ein exzellentes
Orchester und die Inszenierungen
von hochdotierten Regisseuren
machen den Besuch der Oper zum
Erlebnis.
Falkenstr. 1
Tel. 2 52 93 07
Tram 2, 4, 11, 15 (Opernhaus/Bahn-
hof Stadelhofen, d 5)

Theater

Bernhard-Theater ■ D 4
Volks- und Boulevardtheater mit
Stars aus dem deutschsprachigen
Raum.
Theaterplatz (direkt neben dem
Opernhaus)
Tel. 2 52 60 55
Tram 2, 4 (Opernhaus, d 5)

Kulturzentrum Rote Fabrik

TOP TEN 6

Direkt am See ein alternatives
Kulturzentrum, in dem neben
Rock- und Jazzkonzerten auch Thea-
teraufführungen stattfinden. In der
Shedhalle wird zeitgenössische
Kunst gezeigt. Ein preisgünstiges
Restaurant und eine In-Disko
gehören ebenfalls zu dem roten
Backsteinkomplex.
Seestr. 396
Tel. 4 81 62 42
Tram 6, 7 (Post Wollishofen, c 6);
S1 und S8 (Wollishofen, b 6)

Schauspielhaus am Pfauen ■ H 3
Unscheinbar hinter einer Wohnhaus-
fassade aus der Jahrhundertwende
liegt Zürichs erste Sprechbühne, die
im Zweiten Weltkrieg große Bedeu-
tung erlangte. Damals war sie das
einzige deutschsprachige Theater,
das nicht unter die Nazizensur fiel
und damit vielen namhaften Thea-
terkünstlern ein sicheres Exil bieten
konnte. Die Qualität des Schauspielhauses ist in den letzten Jahren wieder deutlich gestiegen. Hervorragen-
de Schauspieler sorgen dafür, daß
es zu den wichtigsten Bühnen des
deutschsprachigen Raumes gehört.
Heimplatz
Tel. 2 51 11 11
Tram 3, 5, 8, 9 (Kunsthaus, d 4)

Kleine Pause im Kulturzentrum Rote Fabrik

Theater am Hechtplatz ■ D 3

Podium für die Schweizer Klein-
kunst-Szene. Aber auch die Heroen
der Schweizer Schauspielkunst spielen hier von Zeit zu Zeit. Traditioneller Ort für Lesungen bekannter
Autoren.
Hechtplatz 7
Tel. 2 52 32 34
Tram 4, 15 (Helmhaus, d 4)

Theater am Neumarkt ■ D 2

In der Spielzeit 1993/1994 wurde
es zum Theater des Jahres gekürt. Ein
engagiertes, mutiges Ensemble
sorgt für experimentelle, zeit- und
schweizbezogene Projekte.
Neumarkt 5
Tel. 2 51 14 88
Tram 3 (Neumarkt, d 4)

Theater an der Winkelwiese ■ D 3

Experimentierbühne für junge Talen-
te. Montags finden in dem Keller-
theater Jazzkonzerte statt.
Winkelwiese 4
Tel. 2 52 10 01
Tram 3 (Neumarkt, d 4)

Theaterhaus Gessnerallee ■ B 2/C 1

In der ehemaligen Reithalle der Ar-
mee spielen heute freie, experimen-
tierfreudige Theatergruppen. Hier
findet Regional- und Welttheater
statt. Empfehlenswert ist auch das
dazugehörige Restaurant Reithalle
(→ Spaziergang durch das andere
Zürich, S. 99).
Gessnerallee 8
Tel. 2 12 12 20
Tram 3, 10, 14 (Kaserne, c 4)

Theater Westend

Zeitgenössische Experimentierbüh-
ne im ehemaligen Schoeller-Fabrik-
gelände.
Hardturmstr. 122
Tel. 2 72 73 80
Tram 4 (Fischerweg, b 3)

DER BESONDERE TIP

Tonhalle Anläßlich des Eidgenössischen Musikfestes im
Jahre 1867 wurde ein altes Kornhaus beim Bellevueplatz
zu einem Konzertsaal umgebaut, in dem nicht weniger als
3600 Zuhörer Platz fanden. Aber auch religiöse und poli-
tische Veranstaltungen, Maskenbälle, Totenmessen und Sieges-
feiern fanden hier statt. Schon bald genügte das Kornhaus den
Ansprüchen nicht mehr, so daß es 1895 durch einen Neubau
ersetzt und mit dem »Triumphlied« von Brahms, das der Meister
selber dirigierte, eingeweiht wurde. Seitdem ist der maurisch-
barocke Prachtbau ein Nobelort der klassischen Musik. Das Ton-
halle-Orchester genießt einen vorzüglichen Ruf. Claridenstr. 7,
Tel. 2 01 15 85, Tram 2, 5, 8, 9, 11 (Bürkliplatz, c 5)   ■ C 4

Freibäder, Schlittschuhbahnen, Jahrmärkte, Indianermuseum und vieles mehr – auch Kinder kommen in Zürich voll auf ihre Kosten.

Wer seinen Kindern Stadtbesuche bisher nur mühsam schmackhaft machen konnte, wird bei Zürich und seiner Umgebung aufatmen können: Im Sommer locken die vielen Frei-, Fluß- und Seebäder, und im Winter sind es Rodel-, Eislauf- und Skimöglichkeiten, die die Kinder vor der Langeweile retten. Ein interessanter Zoo, eine Sternwarte, ein Indianer-, Spielzeug- und Puppenmuseum, ein Puppentheater und vor allem zur Weihnachtszeit diverse Kindertheateraufführungen, Opern und Konzerte sowie der wundervolle Zirkus Conelli sorgen für kindgerechte Abwechslung und Unterhaltung. Feste und Jahrmärkte finden über das Jahr verteilt statt. Noch ein Tip für diejenigen, die ihren Kindern den Einkaufsbummel über die Bahnhofstraße ersparen wollen: Im sogenannten Chinderhüeti zum Schnäggehüsli in der Kuttelgasse 3 (Tel. 2 11 15 78) werden Ihre Kids, sofern sie mindestens zwei Jahre alt sind, dienstags bis freitags von 14–18 Uhr betreut (10 sfr pro Stunde, Geschwisterpaar 15 sfr).

Früh übt sich, wer ein guter Rollerskater werden will

ZÜRICH ERLEBEN

Indianermuseum ■ A 1

Das Museum ist einzigartig in Europa. Hier begegnet man der indianischen Kultur, ihrer Geschichte und Gegenwart in über 1400 Exponaten (Kleidung, Masken, Schmuck, Kultrequisiten). Auch Werke des Zürcher Indianerkenners und Malers Johann Karl Bodmer (1809–1893) sind hier zu sehen.

Feldstr. 89
Tram 8; Bus 31 (Hohlstraße, b 4)
Mi 14–17, Do 17–20 (öffentliche Führung 18–19 Uhr), Fr und Sa 14–17, So 10–13 Uhr
Eintritt 5 sfr

Jahrmärkte

Die größte **Zürcher Kirmes** findet alljährlich am zweiten Septemberwochenende statt, anläßlich des Zürcher Knabenschießens am Bellevue. Aber auch rund um das **Sechseläuten** (Ende April) und den 1. Mai herrscht auf verschiedenen Plätzen die sogenannte **Zürcher Chilibi**, was Volksfest pur bedeutet. Zu Weihnachten fährt die **Märli-Tram** durch die Stadt, die Kindern zwischen 4 und 10 Jahren romantische Fahrten mit St. Nikolaus als Straßenbahnführer ermöglicht (1.–23. Dez. 14.30–19 Uhr, alle 20 Min. ab Bellevue, d5).

DER BESONDERE TIP

Zoologisches Museum Eine kontinuierliche zoologische Sammlung gibt es in Zürich seit 1634, als man in der Wasserkirche eine »Bürger-Bücherei« einrichtete, die außer Büchern auch »Kunst- und Naturseltenheiten« aufnahm. An der Decke der Kirche hingen, wie uns ein alter Stich zeigt, ein ausgestopftes Krokodil und ein Schwertfisch. Heute ist die zoologische Sammlung im Besitz der Universität und in dem Haus direkt neben der ETH untergebracht. In demselben Gebäude befindet sich auch das hochinteressante Zoologische Museum, das seit dem letzten Umbau 1991 besonders Kindern und Jugendlichen einen neuen, fast spielerischen Zugang zur Tierwelt ermöglicht. Hier wird Zoologie buchstäblich »erlebbar«, denn neben der permanenten Ausstellung kann der Besucher an neugestalteten Arbeits- und Mikroskopiertischen biologische Phänomene ergründen, seine biologischen Kenntnisse prüfen oder heranbilden. Ein elektronisches Quiz, ein Kino, zwei kleinere Projektionsnischen sowie akustische Informationen machen den Besuch dieses anschaulichen Museums auch für Kinder zu einem Erlebnis. Karl-Schmid-Str. 4, Tram 6, 9, 10 (ETH/Universitätsspital, d 4), Di–Fr 9–17, Sa und So 10–16 Uhr, Mo geschl., Eintritt frei ■ E 1

Vielfältige Einblicke in die Welt der Tiere gewährt das Zoologische Museum

ZÜRICH ERLEBEN

Knie's Kinderzoo
Am anderen Ende des Zürichsees liegt Rapperswil, in dem sich der erste Kinderzoo Europas befindet. 400 Tiere dürfen hier von den Kindern gefüttert werden, außerdem gibt es eine Delphin-Show, Pony- und Elefantenreiten sowie viele Spielmöglichkeiten.
S-Bahn bis Rapperswil oder per Schiff
Mitte März–Juni und Sept.–Anfang Nov. tgl. 9–18 Uhr; Juli und Aug. 9–19 Uhr

Puppenmuseum
(→ Museen, S. 44)

Spielzeugmuseum ■ D 2
In der Zürcher Altstadt ist eine erlesene Sammlung europäischer Spielwaren vom 18. Jh. bis heute zu sehen: von der Dampfmaschine bis zur Puppenstube, von nostalgischem Blechspielzeug bis zu Rustikalem aus Holz.
Fortunagasse 15
Tram 6, 7, 11, 13 (Rennweg, c 4)
Mo–Fr 14–17, Sa 13–16 Uhr
Eintritt frei

Strandbad Mythenquai ■ C 6
Ein großes Strandbad in Enge mit Wiese, Spielplatz, Planschbecken und Sprungtürmen, allerdings ohne Abendsonne.
Mythenquai 95
Tram 7 (Brunaustr., c5); Bus 161, 165 (Strandbad Mythenquai)

Technorama
Beim Technorama in Winterthur geraten Technikfreaks in Verzückung. Die technischen Phänomene werden nicht nur gezeigt, vieles kann man selbst ausprobieren.
Technoramastr. 1
S-Bahn nach Oberwinterthur, Bus 5, 12 (Technorama)
Di–So 10–17 Uhr

Urania-Sternwarte ■ C 2
Die Sternwarte ist bei klarem Himmel täglich geöffnet, außer an Sonn- und Feiertagen. Das Observatorium liegt zentral, in einem 50 m hohen Turm, in dem auch ein Café (herrlicher Rundblick!) untergebracht ist.
Uraniastr. 9
Tram 6, 7, 11, 13 (Bahnhofstraße, c 4)
Im Sommer tgl. 21–23 Uhr; im Winter tgl. 20–22 Uhr

Zinnfiguren-Museum
(→ Museen, S. 45)

Zirkus Conelli ■ D 3
Seit 1992 steht er jedes Jahr um Wheinachten auf dem Bauschänzli und bildet schon durch seinen Standort so etwas wie eine Märcheninsel. Eine Mischung aus Zirkus und Varieté.

Zoologischer Garten
Am Zürichberg oberhalb der Stadt liegt idyllisch am Waldrand der Zoo. Besonders interessant sind neben dem Affenhaus die Regenwaldhalle, das Exotarium mit seinen Riesenschlangen, Siamkrokodilen und Königspinguinen sowie das Aquarium. Für Kinder ist besonders der Minizoo reizvoll.
Zürichbergstr. 221
Tram 5, 6 (Zoo, f 3); Bus 751 (Dreiwiesen)
Im Sommer tgl. 8–18 Uhr; im Winter tgl. 8–17 Uhr

Zürcher Puppentheater ■ D 3/E 3
Ob Handpuppen, Marionetten, Stabfiguren, Schattenfiguren, Schwarzes Theater oder Figurentheater in Kombination mit Schauspielern und Musikern – die Angebotspalette ist breitgefächert und abwechslungsreich.
Stadelhoferstr. 12
Tram 11, 15 (Bahnhof Stadelhofen, d 5)

Beim Sechseläuten wird der Winter verbrannt, und zum Ausklang des Sommers schießen Knaben um die Wette – so will es die Tradition.

Wenn am 11.11. um Punkt 11 Uhr 11 unterhalb der Bahnhofskuppel eine riesige Big Band mit der »Guggenmusik« (eine Art Blasmusik) losschmettert, ist die Überraschung schon groß, wie laut die ansonsten so leisen Zürcher sein können. Genauso überrascht ist der kenntnislose Fremde, wenn er ein paar Tage vor Silvester mitten in der Nacht von Böllerschüssen und grölenden Jugendlichen geweckt wird und mitanhören muß, wie diese bis in die frühen Morgenstunden ungehindert weitermachen. Der Krach und die Schüsse sind legal: Am letzten Schultag des Jahres wird in der Nacht **Schulsilvester** gefeiert. Ansonsten ist Zürich nicht gerade festbesessen. Wer eine große Fastnacht erwartet, der sollte besser einen schnellen Abstecher nach Basel oder Luzern machen. Die eigentlich großen Feste Zürichs finden im Frühjahr und zum Herbstbeginn statt. Anfang April nennt es sich **Sechseläuten**, ursprünglich das Fest der Zünfte, bei dem ein Schneemann als Symbol des Winters verbrannt wird. Am dritten Montag im September findet dann das populärste Fest statt, das sogenannte **Knabenschießen**, das ganze drei Tage dauert. Mittlerweile hat auch das **Theaterspektakel** auf der Landiwiese Volksfestcharakter angenommen. Die Wiese am See verwandelt sich dann in eine riesige Bühne mit Gästen aus aller Welt.

Zur Weihnachtszeit erstrahlen die Trambahnen
in festlichem Glanz

Januar
Berchtoldstag (Bächtelistag)
Ein eher bescheidener, 340 Jahre
alter Brauch. Früher trafen sich die
Zunftmitglieder zum traditionellen
»Bächtelismahl«, heute treten die
gemeinnützigen, kunstfördernden
Gesellschaften an die breite Öffentlichkeit, um ihre Neujahrsblätter zu
präsentieren.
2. Januar

Februar
Fastnacht
Ein großer Umzug, Maskenbälle und
umherstreunende Musikgruppen
mit ihren »Guggenmusiken« können
nicht darüber hinwegtäuschen, daß
die Fastnacht z. B. in Basel wesentlich ausgelassener gefeiert wird als
in der zur Enthaltsamkeit
erzogenen Zwingli-Stadt.

**Schweizerische Kunst-
und Antiquitätenmesse**
Rund 60 Aussteller aus Europa
und den Vereinigten Staaten zeigen
Höhepunkte des internationalen
Kunst- und Antiquitätenhandels.
Es ist die bedeutendste Schweizer
Messe dieser Art. Jährliche Schwer-
punktprogramme sorgen für zusätz-
lichen Reiz. Für den Kunst- und An-
tiquitätenliebhaber sei noch auf die
Frühjahrsbrocante im März sowie
auf die Weihnachtssammlerbörse
im Dezember hingewiesen. Beide
Messen werden von Sonderaus-
stellungen begleitet.
Züspa-Hallen
Tram 10, 11, 14 (Sternen Oerlikon,
d 2)

April
Sechseläuten
Jedes Jahr am dritten Montag im
April wird in Zürich der Winter verbrannt. Aus vorchristlichem Brauch
entstanden, ist das Sechseläuten
das bedeutendste Volksfest der Zür-

cher. Noch immer erinnern die far-
benprächtigen Kostüme daran, daß
es ursprünglich das Fest der Zünfte
war. Heut steht natürlich das gesell-
schaftliche Großereignis im Vorder-
grund. Es beginnt am Sonntag mit
einem Kinderumzug und wird mit
einem riesigen Tausendfüßler, der
sich durch die Altstadt windet, am
Montag fortgesetzt. Die historischen
Kostüme reichen vom Mittelalter
bis ins Biedermeier. Das Ziel des
Montagumzuges ist die Sechse-
läuten-Wiese am Bellevue, wo der
»Böögg« wartet – ein mit Knallkör-
pern versehener Schneemann aus
Watte auf einem Scheiterhaufen,
der um Punkt 18 Uhr angezündet
wird. Verliert der »Böögg« den Kopf
schnell, ist bald auch der Winter
vorbei.
3. Mo im April

Mai
Züri-Metzgete
Internationales Radrennen in Zürichs
Umgebung.

Juni
oeko
Messe für menschen- und umwelt-
gerechte Technik und Lebensweise.
Züspa-Hallen
Tram 10, 11, 14 (Sternen Oerlikon,
d 2)

Juli
Seenachtsfest
Ein großes Fest in der Innenstadt
und entlang des Sees, das drei Tage
dauert und mit einem spektakulären
Feuerwerk beendet wird. Leider nur
alle 3 Jahre.
Nächster Termin: 1997

Kino am See
Am Zürichhorn wird eine riesige
Leinwand aufgebaut. Filmvorführun-
gen bis in den August hinein.
Tram 2, 4 (Fröhlichstr., e 5)

August
Nationalfeiertag
Am Bürkliplatz werden Reden gehalten, und es wird gefeiert. Abends entzündet man traditionsgemäß auf den umliegenden Hügeln kleine Feuer. Auch ein Feuerwerk darf nicht fehlen.
1. August

Zürcher Theaterspektakel
Ein mittlerweile internationales Theaterfestival auf der Landiwiese am See, wo in Zelten, in der Werfthalle der Zürichsee-Schiffahrtsgesellschaft und in der Roten Fabrik experimentelles Theater gespielt wird.
Tram 7 (Billoweg, c6), Bus 161, 165 (Landiwiese)

Zürcher Limmatschwimmen
Wettschwimmen von der Rathausbrücke bis zur Badeanstalt Oberer Letten. Jeder, der Lust dazu hat, kann daran teilnehmen.

September
Knabenschießen
Das Knabenschießen ist Zürichs ältester Brauch und geht auf eine 400jährige Tradition zurück, in der fünf- bis siebenjährige Knaben das Schießen erlernten und zum Abschluß der Übungen auf dem Münsterhof an einem Wettkampf teilnahmen. Wer beim Wettschießen ins Schwarze traf, bekam einen Zürichtaler. Aus Armbrüsten wurden schließlich Gewehre und heute dürfen auch Mädchen an dem historischen Wettbewerb teilnehmen. Das Knabenschießen findet alljährlich am zweiten Wochenende im September im Albisgütli statt, begleitet von einem dreitägigen Jahrmarkt, der **Chilibi**, am Bellevue.
2. Wochenende im Sept.

Züspa
Zürcher Herbstschau für Haushalt, Wohnen, Sport und Mode.
Züspa-Hallen
Tram 10, 11, 14 (Sternen Oerlikon, d2)

Oktober
Internationales Zürcher Jazz-Festival
Vorwiegend im Theaterhaus an der Gessnerallee.
Gessnerallee 8
Tram 3, 14, Bus 31 (Kaserne, c4)

November
11.11.
»Guggenmusiker« leiten hauptsächlich im Niederdorf die Fastnachtszeit ein.

Expovina
Weinmesse auf den Schiffen, die am Bürkliplatz ankern.
Bürkliplatz
Tram 2, 5, 8, 9, 11, Bus 161, 165

Dezember
St.-Nikolaus-Tag
In einigen Quartieren, aber vor allem in der Bahnhofstraße »Samichlaus«-Umzüge.
6. Dezember

Schulsilvester
Zwischen Weihnachten und Neujahr feiern Schüler anläßlich des letzten Schultages eine ganze Nacht lang.

Silvester
Auf der Rathausbrücke findet ein großes Brückenfest statt. Nachdem die Kirchen der Stadt das Neue Jahr eingeläutet haben, wird um 0.15 Uhr auf der Münsterbrücke ein eindrucksvolles Feuerwerk gezündet. Den besten Blick auf das Himmelsspektakel haben Sie, wenn Sie am Ufer der Limmat neben dem Fraumünster stehen.

Zürich ist eine Fußgängerstadt, denn im Zentrum liegen viele Sehenswürdigkeiten auf engem Raum, und hübsche Cafés laden zu einer kleinen Rast.

Der Rundgang führt zu den Plätzen der frühmittelalterlichen Stadt und der alten römischen Zollstation, die unter Augustus um 15 v. Chr. errichtet wurde. Sie beginnen den Rundgang am **Bürkliplatz**, der mit verschiedenen Straßenbahnlinien zu erreichen ist. Zwischen Joop und Yves Saint Laurent auf der einen und dem Schweizer Heimatwerk (Kunsthandwerk und Souvenirs aus der Schweiz) auf der anderen Seite betreten Sie die **Bahnhof-**

Altstadtrundgang mit Bahnhofstraße

straße. Biegen Sie rechts ab in die **Börsenstraße**, um dann links in den **Kappeler Hof** zu gelangen: In der Mitte des Hofes ist eine kleine Parkanlage mit Bänken, die im Sommer Ruhe und Schatten spendet. Wenn Sie den Hof durchqueren und auch die Kappeler Gasse hinter sich lassen, erreichen Sie den **Zentralhof**, der seine heutige Gestalt 1873 bis 1876 erhielt. Vor der Zeit der Eisenbahn war es der Posthof, in den die Kutschen einfuh-

Die Bahnhofstraße zählt zu den teuersten Pflastern Europas

ren. Auch hier gibt es Ruhebänke, schattenspendende Bäume und in der Mitte einen Brunnen im Stil der Gründerjahre, der an die Tränke der Postpferde erinnert. 1870 wurde das Gebäudeviereck angelegt. Im Café/Restaurant **Strozzi** können Sie einen kleinen Zwischenimbiß einnehmen.

Vom Zentralhof aus biegen Sie links wieder in Richtung Bahnhofstraße ein. Rechts befindet sich die Parfümerie Schindler, eine Discount-Parfümerie, die mit dem Slogan »Große Marken für kleine Preise« wirbt. Gegenüber liegt das **Sprüngli-Haus** mit einem der berühmten Sprüngli-Läden: Die Auswahl an Torten, Trüffeln und Schokolade ist überwältigend und hat schon so manchen Besucher dazu verführt, sich im Café im ersten Stock von der Qualität der Köstlichkeiten zu überzeugen.

Historischer Glanz in neuem Gewand: Paradeplatz und Augustinergasse

Wir sind am **Paradeplatz**, an dem majestätisch eines der Zürcher Luxushotels thront, das **Savoy Baur en Ville**, das 1838 vis-à-vis vom Posthof eröffnet und 1907 von Pfleghard und Haefeli völlig umgebaut und aufgestockt wurde. Unter Wahrung der Fassade wurde das Haus 1978 neu errichtet. Im Savoy befinden sich auch der Juwelier Türler, ein traditionsreiches Uhrenhaus, und der exklusive Blumenladen Marsano. Weiter in der Bahnhof-

straße stoßen Sie rechts auf eine Filiale des Schuhgeschäfts Bally, und daneben gibt es die wunderbaren Strümpfe von Fogal. Gegenüber locken Chanel und Cartier mit exklusiven Stücken.

Nach Beendigung des Schaufensterbummels biegen wir rechts in die **Augustinergasse** ab, eine leicht ansteigende Straße mit malerischen Häusern aus dem 14. Jahrhundert, in denen ursprünglich Kleinhandwerker lebten. Als sich jedoch im 17. Jahrhundert wohlhabende Fabrikanten dort niederließen, wurden viele Gebäude umgebaut und zum Teil mit kleinen Erkern verschönt. An den Häusern, die zum Baudenkmal erklärt wurden, sind kleine Tafeln mit Erläuterungen angebracht.

Gleich am Anfang der Augustinergasse liegt das italienische Restaurant Cantinetta Antinoni in einem historischen Gebäude. In der Mitte öffnet sich die Gasse zum **Münzplatz**, wo Ende des 13. Jahrhunderts die **Augustinerkirche** mit Kloster errichtet wurde. Seit 1596 wurde sie als Münzstätte benutzt. Im Klostergebäude hatte von 1837 bis 1864 die erste Zürcher Universität ihren Sitz. Leider ist die Kirche im 19. Jahrhundert durch lieblose Umbauten ziemlich verunstaltet worden. Hinter der Kirche liegt in der Augustinergasse Nr. 9 das **Museum Strauhof** mit der James-Joyce-Stiftung. Hier wird die Gasse eng und winklig, bevor sie weiter zur St. Peterhofstatt führt. Doch wir gehen erst einen Umweg.

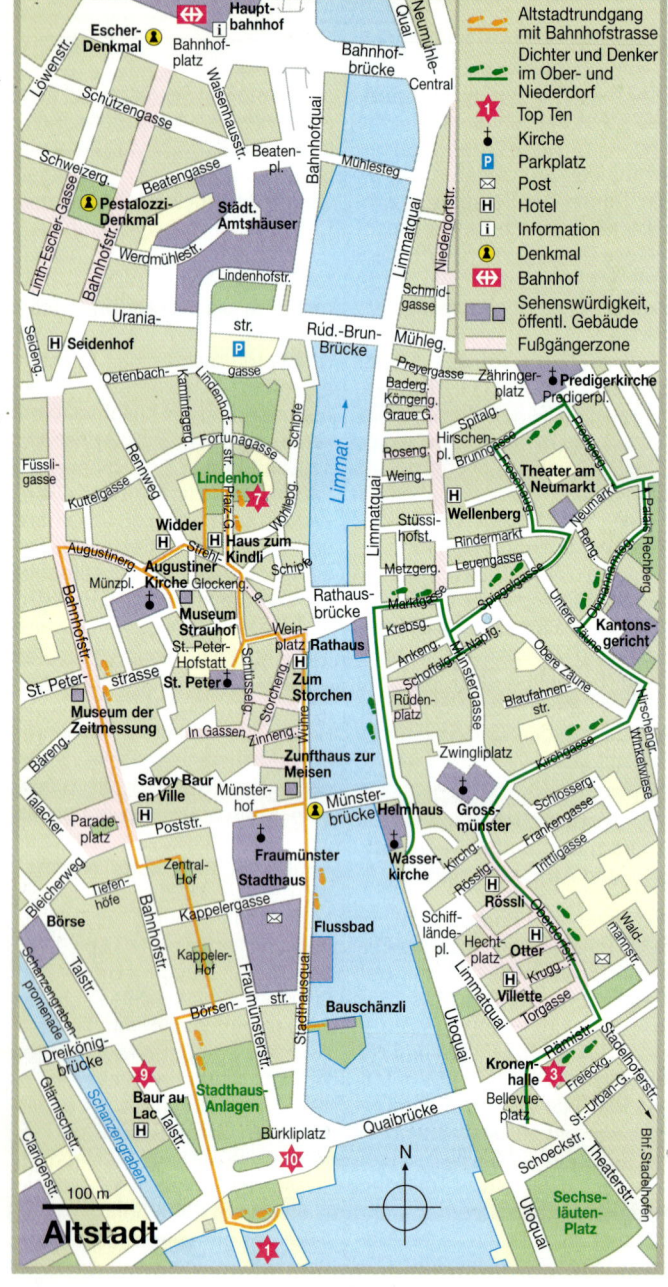

Altstadt

100 m

N

Wo die Habsburger nichts zu lachen hatten: der Lindenhof

Dazu biegen wir vom Münzplatz links in die **Widdergasse** ein. Das Haus Nr. 6 stammt aus dem Jahr 1357 und gehört heute zum Hotel Widder (→ Der Besondere Tip, S. 21). In der **Strehlgasse** steigen wir direkt am Brunnen die Treppen empor und gelangen so zum **Lindenhof**, den Resten einer Endmoräne aus der Eiszeit. Der Lindenhof ist nicht nur ein wunderschöner, großer Platz mit südlichem Flair über den Dächern der Altstadt (weiter Blick über die Limmat auf die andere Stadthälfte und den Zürichberg), es ist auch ein bedeutender historischer Ort, denn hier errichteten die Römer unter Augustus im Jahre 15 v. Chr. eine Zollstation, die als Urzelle Zürichs betrachtet wird. Um 370 wurde auf dem Platz ein römisches Kastell errichtet, und schon im 9. Jahrhundert entstand eine Pfalz, die in der ottonischen Zeit (10. Jahrhundert) erweitert wurde. Reste davon sind noch heute zu sehen. In der rechten Ecke des Hofes an der Aussichtsmauer ist auf Tafeln die Geschichte der Stadt dokumentiert.

Der Brunnen mit einer Frauenfigur auf einer Säule aus dem Jahre 1912 erinnert an die mutigen Zürcher Frauen, die seit 1292, während der Belagerung der Stadt, den anstürmenden Habsburgern, die die Stadt einnehmen wollten, gewappnet und gerüstet im Lindenhof entgegenstellten und sie so in die Flucht schlugen. Später ging es dann offenbar vergnüglicher zu, wie Matthäus Merian in seiner berühmten »Topographia Helvetiae« (1654) schrieb: »So hat es da… einen schönen erhöchten Platz/ mit Quaderstücken eingefaßt/so auff dem Hof genannt wird/auff welchem viel Lindenbäum/und darunder Steinerne Tische stehen/darauff die Bürger Sommerszeiten ihre Zechen halten/und sich mit Armbrustschiessen erlustigen können.«

Mit Goethe in die Weinstube

Vom Lindenhof geht es treppab durch die **Pfalzgasse**. Links stehen das historische Haus Zum Paradies und gegenüber das kleine Hotel Haus zum Kindli mit dem Café/Restaurant Opus. Halbrechts geht es durch die **Strehlgasse** zur **St. Peterhofstatt**, einem gepflasterten Platz mit einer großen Linde in der Mitte, auf deren Rundbank man den Blick auf **St. Peter** genießen kann, bevor man die Stufen zur ältesten Kirche der Stadt hinaufsteigt. Der romanische Turm der Kirche war nicht nur Wahrzeichen der Altstadt links der Limmat, sondern auch Wachturm.

Rechts in der Ecke des Platzes, **Glockengasse Nr. 7**, entdecken wir die Weinstube Zur Reblaube, ein Haus aus dem 13. Jahrhundert. Hier dinierte Goethe, hier logierte Johann Kaspar Lavater, und hier trafen sich die beiden im Jahre 1779. Rechts in der Augustinergasse lockt auf der linken Seite das beschauliche

Gartenlokal Strohof Sommergäste an. Am Platz St. Peterhofstatt lohnt sich auch ein Blick in die gutsortierte Buchhandlung Beer. Oder stöbern Sie lieber in dem kleinen Antiquitätenladen Artika direkt gegenüber? Die **Weggengasse** führt uns vorbei an der **Storchengasse**, dem Designer-Dorado, zum **Weinplatz**.

Erinnerungen an berühmte Stadtbesucher

Seit der Zeit der Römer befand sich hier eine Anlegestelle. Im 17. Jahrhundert wurde der einheimische Wein am Platz verkauft, darauf weist noch der schmiedeeiserne Winzerbrunnen von 1908 hin. Am Weinplatz Nr. 10, in dem frisch renovierten Haus direkt an der Limmat, war einst das legendäre **Gasthaus Schwert** mit einer fulminanten Gästeliste: Könige (Gustav IV. Adolf von Schweden, der russische Zar Alexander I., der Preußen-König Friedrich Wilhelm III., Napoleon III.), Dichter (Alexandre Dumas, Goethe, Victor Hugo, August Wilhelm Schlegel, Madame de Staël, Ludwig Uhland) und Komponisten (Mozart, Liszt, Brahms) nahmen in diesem Gasthaus mit Blick auf den Zürichsee Unterkunft, wenn sie sich in der Stadt aufhielten. Am Platz befindet sich das Hotel **Zum Storchen**, wo im Herbst 1527 der berühmte Arzt und Philosoph Paracelsius lebte.

An der Limmat geht es nun weiter flußaufwärts die **Wühre** entlang, die 1643 als Uferbefestigung angelegt wurde. Einige Barockbauten sind noch erhalten. Kleine, enge Gassen führen von

---

DER BESONDERE TIP

Hohe Promenade Der wunderschöne Spaziergang führt oberhalb der Rämistraße über die Hohe Promenade vom Schauspielhaus zum Bellevueplatz. Man erklimmt den Moränenhügel an der Villa Zum Ehrenberg (1837). Unten an der Rämistraße stehen würdevoll die Gründerzeitbauten im Stil des Historismus (Nr. 23–39). Hinter der Kantonsschule führt ein schmaler Weg nach oben. Die Aussicht über die Stadt, den See und zum Zürichberg ist phantastisch. An einem kleinen Privatfriedhof vorbei führt der Weg in die Schanzengasse. Links liegt die reformierte französische Kirche, schräg gegenüber thront majestätisch wie eine mittelalterliche Burg die Villa Falkenstein (1866), die ein privater Käufer vor dem Abriß rettete. Die Schanzengasse macht eine Rechtskurve, und vor uns liegt der Bahnhof Stadelhofen. Dauer: 1/2 Stunde

Dörfliches Idyll mitten im weltstädtischen Glanz: Gasse beim Lindenhof

der Altstadt hinunter zum Fluß. Im **Café Wühre** können Sie am Ufer der Limmat sitzen und einen der köstlichen Fruchtcocktails probieren (kein Alkoholausschank).

Die Limmat entlang bis zur Holz-Badeanstalt

Kurz vor der Münsterbrücke informiert Sie der Designerladen Hannes B. über die neuesten Modetrends: Er liegt im Souterrain des **Zunfthauses zur Meisen**, das 1757 im Stil eines französischen Stadtpalais erbaut wurde und nun wie ein Schmuckkästchen am Limmatufer glänzt.

Am Münsterhof liegt auch das **Fraumünster**, einst die Kirche eines adligen Damenstifts, das Ludwig der Deutsche 853 gründete. Die Äbtissin galt als »gnädige Herrin von Zürich«...

Aus dem 9. bis 11. Jahrhundert sind noch Fundamentreste erhalten. Sehenswert sind vor allem die 1970 von Marc Chagall geschaffenen Glasfenster im romanischen Chor der spätgotischen Kirche und die Rosette im Südquerhaus, die er 1978 fertigte.

Wir setzen unseren Spaziergang am Ufer der Limmat fort. Hier, am **Stadthausquai**, befindet sich die einzige Frauenbadeanstalt Zürichs. Eine wunderbar altmodische Anlage aus Holz. Kurz vor der Quaibrücke können Sie Ihren kleinen Rundgang im Restaurant **Bauschänzli** ausklingen lassen. Man sitzt unter großen Kastanienbäumen am Ufer der Limmat und sieht durch die Quaibrücke auf den dahinterliegenden See.

Dauer: 1 1/2–2 Stunden
Karte: → S. 88

Hier bleiben Frauen unter sich: Badeanstalt am Stadthausquai

Dichter und Denker im Ober- und Niederdorf

Beginnen wir beim Reformator Zwingli persönlich. Der große Lehrmeister steht als Denkmal von Heinrich Natter aus dem letzten Jahrhundert leicht angegrünt hinter der gotischen Wasserkirche. Den bedeutenden Herrn, der uns mit Schwert und Buch entgegentritt und der übrigens viel lebenslustiger war, als es seine Epigonen wahrhaben wollten, erreichen wir mit der Tram 4 oder 15, Haltestelle Helmhaus.

Die **Wasserkirche** ist ein maßvolles Beispiel der Spätgotik. Sie ist über dem Ort erbaut, an dem der Legende nach Felix und Regula mit ihrem Diener Experantius ihres Glaubens wegen enthauptet wurden. Der Renaissance-Bürgermeister Hans Waldmann, ein zugereister Emporkömmling, ließ das Gotteshaus im 15. Jahrhundert errichten.

Nach einem kurzen Blick ins nüchterne Innere der Kirche mit ihrem sehr schönen Netzgewölbe laufen wir am **Limmatquai** unter den Bögen der alten Zunfthäuser in Richtung Rathaus. Am kleinen Rüdenplatz mit seinen Straßencafés steht das älteste Zunfthaus der Stadt, das **Haus zum Rüden**. Gleich an der Ecke folgt das sorgfältig renovierte **Haus zur Kerze** mit seinem prächtigen, kerzenartigen Erkerturm aus der Renaissance, daneben das **Zunfthaus zur Saffran**. Direkt gegenüber liegt das **Rathaus** mit seinen beiden Züri-Leu (Löwen), die daran erinnern, daß hier von der Treppe aus die Urteile gegen schwere Verbrechen verlesen wurden. Das Rathaus, sein Architekt ist unbekannt, erinnert an einen Palazzo aus der Spätrenaissance.

Bevor wir nun die Marktgasse, die schon im Mittelalter eine Ladenstraße war, nach rechts oben gehen, sollten wir uns noch einmal umdrehen und zwischen Hauptwache und Rathaus auf die andere Limmatseite hinüberschauen. Das frisch renovierte weiße Haus, das wir drüben sehen, war das **Gasthaus Schwert**, in dem Größen wie Goethe und Montaigne abzusteigen pflegten. Unten an der Ecke der Marktgasse liegt das feinste Feinkostgeschäft Zürichs: Bianchi. Weiter oben folgt ein exzellentes Käsegeschäft. Wir biegen schließlich oben rechts in die **Münstergasse** und laufen erstmal an der Spiegelgasse vorbei bis zur **Napfgasse**, wo rechter Hand vielleicht Zürichs schönster Laden auftaucht: der Kolonialwarenhandel Schwarzenbach (→ Der Besondere Tip, S. 66). Schräg gegenüber in der Napfgasse das herrlich kitschige Café Schober mit seiner Dekoration aus lauter Süßigkeiten, wo wir eine Pause einlegen können. Wem der Sinn mehr nach etwas Herzhaftem steht, der geht zur nächsten Ecke der Schoffelgasse, wo die berühmte **Bodega Española** liegt: Hier können Sie zum Wein köstliche Tapas bestellen.

Keimzelle des Dadaismus – die Spiegelgasse

Frisch gestärkt gehen wir nun zur **Spiegelgasse** (→ Der Besondere Tip, S. 96) zurück, in die wir rechts einbiegen. Gleich zu Beginn, in der Spiegelgasse Nr. 1, stoßen wir auf eine Gedenktafel, die an das **Cabaret Voltaire** erinnert, die Geburtsstunde des Zürcher Dadaismus. An der Spiegelgasse Nr. 11 dann die Gedenktafel für den europäischen Gelehrten Johann Kaspar Lavater, den Begründer der Physiognomie, den Goethe nicht versäumte zu besuchen, allerdings ohne besonderen Gefallen an ihm zu finden. Im Haus Nr. 12 starb 1837 der berühmte Dramatiker Georg Büchner. Weiter oben, in der Spiegelgasse Nr. 14, wohnte Wladimir Iljitsch Lenin, bevor er damit begann, das Jahrhundert mit seinen revolutionären Ideen aus den Angeln zu heben. In dem heute nicht mehr existierenden Haus Nr. 23 bewohnte Robert Walser eine Zeitlang ein Zimmer. Am Ende der Spiegelgasse gelangen wir auf den **Neumarkt**, wo wir scharf nach links in den **Pferdemarkt** einbiegen. Wer gerne und mit Muße stöbert, kann in den kleinen Läden dieser Gasse ausgefallene Kleinigkeiten und Geschenke finden. Außerdem gehören der Neumarkt und der Rindermarkt zur **Gottfried-Keller-Meile** (→ Sehenswertes, S. 33).

Wir sind aber unterdessen nach rechts in die **Froschau-Gasse** eingebogen, die ursprünglich **Streitgasse**, dann **Judengasse** hieß. Hier befand sich das Ghetto der Juden, die in den Pestjahren 1348/1349 wegen angeblicher Brunnenvergiftung aus dem Stadtzentrum verbannt wur-

Beim Gang durchs »Dörfli« macht man immer wieder Entdeckungen den. Ihren jetzigen Namen verdankt die schmale Straße Zwinglis Freund, dem berühmten Drucker Christoffel Froschauer, der seine Druckerei 1551 in dem ehemaligen Frauenkloster St. Verene, heute die Nr. 14–18, einrichtete und mit seinen Bibeldrucken die Ideen der Reformation einer breiteren Öffentlichkeit zugänglich machte. Im Klosterhof errichtete er einen Brunnen mit seinem Druckerzeichen »Frosch in der Au«, den Hans Holbein d. J. schuf und der heute auf dem **Predigerplatz** steht, auf den wir stoßen, wenn wir am Ende der Froschau-Gasse nach links gehen. Die **Predigerkirche**, an die sich die Zentralbibliothek anschließt, ist 750 Jahre alt, ihr neugotischer Turm aber aus dem letzten Jahrhundert. Wir wenden uns an dieser Stelle nach rechts und gehen durch die enge Predigergasse bis zum Neumarkt, der uns links zum stark befahrenen Seilergraben führt.

Zu Besuch bei Thomas Mann: die Schönberggasse

Wer einen kleinen Abstecher machen will, wechselt jetzt die Straßenseite und marschiert neben dem **Palais Rechberg** mit seiner an Versailles erinnernden Parkanlage die **Künstlergasse** und dann die **Dr. Faustgasse** bis zur **Schönberggasse Nr. 15** (neben der Universität) hoch. In dem Haus Johann Jakob Bodmers, des Literaturpapstes des 18. Jahrhunderts, waren schon Klopstock, Wieland und auch Goethe zu Besuch. Heute ist hier das **Thomas-Mann-Archiv** untergebracht. Tucholsky-Fans wird es jetzt in die Florhofgasse Nr. 1 ziehen, wo der bedeutende Satiriker bei seiner Freundin Dr. Hedwig Müller wohnte.

Traditionelle Stammlokale großer Literaten

Dort, wo der Seilergraben beginnt, biegen wir danach scharf rechts in die **Obmannamtsgasse** am Obergericht und der Staatskellerei, dem früheren Barfüsserkloster. Putzige, alte Häuser säumen die Straße, bis wir linker Hand auf einen Parkplatz stoßen. Hier stand früher das erste Theater Zürichs, das **Aktientheater**, bis es abbrannte, und etwas weiter oben befand sich die **Theaterkneipe**, in deren Hinterräumen der deutsche Direktor Johann Gottfried Ludwig Fechtunterricht gab und nur widerwillig in die Heirat seiner Tochter mit dem damals noch unbekannten Dr. Röntgen einwilligte. Letzterer war Stammgast im **Grünen Glas**, auch heute noch ein sehr empfehlenswertes Restaurant. Hier biegen wir nach links in die **Untere Zäune** und laufen hoch bis zum **Manessebrunnen**, wo rechts die **Kirchgasse** abzweigt. Das Eckhaus gleich am Anfang gehörte im 13. Jahrhundert dem Rittergeschlecht der Manesse, die eine der berühmtesten Minneliedersammlungen, die **Manesse-Liederhandschrift**, förderten. Etwas weiter unten, im Haus Nr. 33, arbeitete Gottfried Keller als Stadtschreiber. Das **Grossmünster** mit seinem 800 Jahre alten, herrlichen Kreuzgang lassen wir links hinter uns und schlendern nun die **Oberdorfstraße** mit ihren vielen Geschäften entlang. Links zweigt die **Trittligasse** ab, wo Robert Walser in der Nr. 6 wohnte. Zurück in der Oberdorfstraße, kommen wir an der Buchhandlung Rohr vorbei. In diesem Haus lebte Goethes Freundin Barbara Schulthess, in deren Nachlaß man den »Urfaust« fand.

Am Ende der Straße biegen wir rechts in die **Rämistraße**, die uns zu unserem Ziel am **Bellevue** führt. Zuvor haben wir die Buchhandlung Dr. Oprecht passiert, wo viele jüdische und linke Emigranten in den dreißiger Jahren Unterstützung fanden. Noch 1994 ist ein Koffer von Else Lasker-Schüler mit bisher unbekanntem Material dort im Keller gefunden worden. Am Ende unserer kleinen Reise durch das literarische Zürich haben wir die Qual der Wahl, denn sowohl die **Kronenhalle** als auch das **Café Odéon** sind traditionelle Stammlokale von Literaten. Ganz gleich, ob sie nun James Joyce, Karl Kraus, Max Frisch oder Friedrich Dürrenmatt hießen.

Dauer: 1 1/2 Stunden
Karte: → S. 88

DER BESONDERE TIP

Spiegelgasse Einen Gang in Zürichs literarische Vergangenheit bietet die Spiegelgasse. In der Spiegelgasse Nr. 1 befand sich die »Holländische Meierei«, die der holländische Seemann Ephraim Jan führte. Hier gründete Hugo Ball zusammen mit anderen Künstlerkollegen am 1. Februar 1916 die Künstlerkneipe Cabaret Voltaire. Es wurde über Nacht zur Zürcher Sensation, der Dadaismus wurde geboren. Doch während die Dadaisten lebhaft diskutierten, lebte in der Spiegelgasse Nr. 14 Wladimir Iljitsch Lenin im Exil. Nebenan (Nr. 12) war 1837 der Dichter Georg Büchner gestorben, und in Nr. 11 hatten sich 1775 Goethe und der Zürcher Pfarrer Johann Kaspar Lavater getroffen. Tram 4, 15 (Rathaus) ■ D 2

Kunst auf Zürichs Straßen und Plätzen

Auf dem großen Sechseläutenplatz mit Blick auf das imposante Operngebäude beginnt unser Spaziergang, der am See entlang führt. Dort, wo sich bis Ende des letzten Jahrhunderts die alte Tonhalle befand, wird mittlerweile jedes Jahr zum Fest der Zünfte der »Böögg« verbrannt. Ganz verloren steht auf dem Platz eine 2,5 Meter hohe Bronzeskulptur von **Otto Charles Bänninger**: »Die Schreitende«. Auf der Opernterrasse fällt eine moderne Eisenplastik ins Auge: »Der rote Kerl« wurde 1986 von **Silvio Mattioli** geschaffen.

Wir schlenden den **Utoquai** entlang, vorbei am neubarocken **Utoschloß** (Nr. 29/31), das 1900 von Pfleghard und Haefeli erbaut wurde. Gegenüber dem nostalgischen Holzschwimmbad (1889) liegt das hervorragend renovierte Hotel Eden au Lac. Daneben stand einst das Hotel Bellerive au Lac, heute ein etwas heruntergekommenes Apartmenthaus in bester Lage. Der Utoquai gabelt sich in Seefeldquai und Bellerivestraße, doch bevor wir am See weitergehen, werfen wir einen kurzen Blick auf das Haus Nr. 10, die **Villa Windegg**. Der Sandsteinquaderbau, eine Stilmischung aus Neubarock und französischer Renaissance, wurde 1870 an der Bahnhofstraße errichtet. Im Jahre 1911 wurde er Stein für Stein abgetragen und hier, im Villenquartier, wieder aufgebaut. Die Villa gehörte damals der Seidenfabrikantin Schwarzenbach.

Vielseitig verwendbar: Henry Moores Plastik am Seefeldquai

Doch wir setzen unseren Spaziergang am See entlang fort. In der Parkanlage am **Seefeldquai** stoßen wir auf eine monumentale, fünf Tonnen schwere Bronzeplastik des Briten **Henry Moore** (1898–1986), »Sheep Piece«. 1971 hatte Moore sie in seinem Ateliergarten in Much Hadham aufgestellt. Als die dort lebenden Schafe die schützende Form der Plastik entdeckten, brachten sie dort gern ihre Jungen zur Welt. So entstand der Name des Kunstwerks. 1976 wurde die Plastik im Rahmen einer Moore-Ausstellung, die 74 000 Besucher anzog, an ihrem jetzigen Standort aufgestellt.

Auf der **Seepromenade** vor dem Museum Bellerive erhebt sich eine drei Meter hohe Lava-Skulptur (1956), hoch aufragende Keile, von **Hans Aeschbacher**. Das **Museum Bellerive**, eine neoklassizistische Villa, die 1931 der Textilfabrikant Bloch erbauen ließ, beherbergt heute eine Filiale des Kunstgewerbemuseums. Gegenüber liegt die **Villa Egli**, die 1902 im Stil eines englischen Landhauses errichtet wurde. Heute lernt der Nachwuchs hier Ballett. Daneben ist zum See hin ein aufwendiger Marmorfries zu sehen. Der Seidenhändler Gustav Henneberg hatte den Fries 1900 von **Adolf Meyer** aus Carraramarmor fertigen lassen, ein 20 Meter langer Bacchantenzug, der damals einen Skandal hervorrief. Nach dem Abbruch der Villa Henneberg 1969 ging der Fries in den Besitz der Stadt über, die ihn hier aufstellen ließ.

Wir nähern uns dem Zürichhorn mit dem Chinagarten. In der Nordecke zwischen Chinagarten und Höschgasse liegt das **Le-Corbusier-Haus**. 1967 wurde es – zwei Jahre nach dem Tod des Schweizer Architekten – auf private Initiative von **Heidi Weber** erbaut. In dem Stahl-Glasbau sind Gemälde, Graphiken und Plastiken Le Corbusiers zu sehen. Daneben das **Haller-Atelier**, das der Stadt 1982 von den Erben Hermann Hallers geschenkt wurde. Wir wenden uns wieder seewärts und treffen auf eine Granitskulptur mit vier aufgerichteten Balken in unterschiedlichen Höhen, ein Werk der brasilianischen Künstlerin **Mary Vieira**, die das »Aufgerichtete Kreuz« 1959 schuf. Nicht weit davon kann man den »Phänomena-Brunnen« (1984) von **Christian Mayer** betrachten: eine 1000 Kilogramm schwere Steinkugel, die sich auf einem dünnen Wasserfilm leicht bewegen läßt. Am Ende unseres Kunstrundgangs stehen wir schließlich vor **Jean Tinguelys** (1925 bis 1993) kinetischer Eisenplastik »Heureka«, einer Allegorie auf den Leerlauf der Konsum- und Industriegesellschaft. Täglich um 11 und 17 Uhr ist sie eine Viertelstunde in Betrieb. Im Sommer empfiehlt sich ein Abstecher in das schöne benachbarte **Strandbad Tiefenbrunnen**. Oder Sie fahren mit einem Schiff über den See zurück in die Stadt.

Dauer: 1 Stunde
Karte: → Klappe vorne

Spaziergang durch das andere Zürich

Im Zentrum Zürichs steht nicht das Denkmal eines Dichters, sondern das eines Staatsmannes aus dem 19. Jahrhundert: **Alfred Escher**, Nationalrat, Eisenbahnpionier und Erbauer der Gotthardbahn. Durch ihn hat Zürich den Anschluß an die Moderne gefunden. Auch unser Spaziergang hat mit dem Zürich der letzten zwei Jahrhunderte zu tun. Und deswegen wenden wir uns von der Bahnhofstraße und der Limmatwelt ab.

Wir starten am **Bahnhofplatz** und gehen die Einkaufsmeile **Löwenstraße** bis zum gleichnamigen Platz, folgen in einer Linkskurve dem Schienenverlauf, überqueren die über die Sihl führende **Gessnerbrücke** und gehen geradeaus in die unansehnliche La-gerstraße. Links zweigt die **Reitergasse** ab, wo Anfang des Jahrhunderts noch das **Gasthaus Hoffnung** stand – erwähnenswert, weil hier James Joyce bei seinen ersten Besuchen in Zürich nächtigte. Mittlerweile haben wir die Militärstraße erreicht, und vor uns breitet sich hinter einer Kastanienreihe das Areal der Kaserne aus. Wir halten uns links, bis zur **Kasernenstraße**. Dort blicken wir über die Sihl hinweg auf die ausgedienten Stallungen und die ehemalige **Reithalle** an der **Gessnerallee**, die über die nur für Fußgänger benutzbare Militärbrücke zu erreichen sind. Heute stehen diese Gebäude für das Projekt **Kulturinsel Gessnerallee**. Die Reithalle ist ein Theatersaal, der freien und lokalen Gruppen, aber

Aus aller Herren Länder kommen die Bewohner der Quartiere jenseits der Sihl

SPAZIERGÄNGE

auch berühmten Gastspielen zur Verfügung steht. In das rechte Gebäude der Stallungen wird demnächst die staatliche Schauspielschule einziehen. Zur Reithalle gehört ein Restaurant mit herrlichem Biergarten (Tel. 2 12 07 66, Montag bis Freitag 11.45 bis 14 und 18 bis 23 Uhr, Mittlere Preisklasse). Den kleinen Kanal kann man übrigens bis zum See entlangspazieren – sehr idyllisch. Die Kaserne, die unmittelbar an die Kasernenstraße grenzt, wurde bis 1986 noch vom Militär genutzt.

An der **Sihlbrücke**, die schon immer das feine Zürich mit dem proletarischen verband, biegen wir die **Badenerstraße** nach rechts, laufen am Kino Metropol und an der Bäckerstraße vorbei, bis wir rechts die **Lutherstraße** erreichen, die an der reformatorischen Jakobskirche von 1901 vorbeiführt. In der Lutherstraße ziehen zwei experimentelle Galerien die Aufmerksamkeit auf sich. An der Ecke **Jakobstraße**, die wir nach rechts gehen, um die dann folgende **Bäckerstraße** gleich wieder links abzubiegen, sehen wir bereits die an der nächsten Ecke gelegene **Piccoli Accademia**. Ein traditionsreiches Restaurant, das schon Therese Giehse und Bertolt Brecht gefiel und etlichen anderen berühmten Emigranten. In Zürich ist man sich nicht ganz einig, ob es der beste oder nur der zweit- oder gar drittbeste Italiener ist – will man jedoch sehr fein und gut essen, ist diese Adresse zweifellos zu empfehlen.

Szenelokale und Edelboutiquen im Rotlichtmilieu

Am **Helvetiaplatz**, dem Ort der ersten Maifeiern, mit seinem Volkshaus von 1911 und der davorstehenden Arbeiterfamilienplastik aus Bronze, folgen wir rechts der **Ankerstraße**. Wir befinden uns bereits mitten im sündigen Zürich, in einer Welt, in der buchstäblich alles nebeneinander existiert: das exklusive Restaurant neben dem Kebabimbiß, die schäbige Spelunke neben der feinen Stripteasebar, die Billigboutique neben dem exklusiven Seidenmodisten **André Stutz**, dessen Geschäftsräume in der Ankerstraße Nr. 118 zu finden sind. Und so verwundert es auch nicht, daß die halbseidene Welt hier mit der »vollseidenen« zusammentrifft. Wenn wir nun die **Kanonengasse**, die die Ankerstraße verlängert, weiter geradeaus gehen, sollten wir auch mitbedenken, daß wir uns im Hoheitsgebiet der Drogendealer befinden. Ansonsten aber ist dieses ganze Viertel eine multikulturelle Ansammlung der kuriosesten Läden. Wir sind unterdessen in die **Zwinglistraße** eingebogen, die bezeichnenderweise auch nicht von der Doppelmoral verschont geblieben ist. Auch hier Wohnhäuser, Sexläden und ein sehr gutes und beliebtes Szenelokal, das **Exer**.

An der **Langstraße**, eine Art Mini-Reeperbahn wie auch die Hauptstraße des Industriequartiers, biegen wir nach rechts und laufen bis zur **Hohlstraße** vor, die uns – vorbei an einem ganz interessanten Schulgebäude – zur **Aussersihler Anlage** führt, einer Parkanlage, die zu einer kurzen Pause einlädt. An der angrenzenden **Feldstraße** finden wir übrigens auch das für seine reichhaltige Sammlung berühmte **Indianermuseum**. Und manchmal stößt man in einer Ecke der Parkanlage auf ein riesiges »Freilichtwohnzimmer« aus Sperrmüll, das sich die Clochards von Zürich eingerichtet haben. Eine perfekte kleinbürgerliche Ordnung ohne Wände und Türen. Und da es sich um Zürcher Penner handelt, ist die Ordnung natürlich entsprechend penibel.

Nachdem wir den Park durchquert haben, gehen wir die **Stauffacher Straße** nach rechts, überqueren die Eisenbahnschienen und gelangen so in das Quartier um den **Bullingerplatz**: eine Zone des sozialen und genossenschaftlichen Wohnungsbaus aus der Zwischenkriegszeit. Gleich zur Rechten die gelbgestrichene **Erismannsiedlung**, eine architektonisch besonders gelungene Arbeitersiedlung, die ihren Namen dem Stadtrat zu verdanken hat, der sie ermöglichte. Am Bullingerplatz gehen wir die **Sihlfeldstraße** rechts hoch, an weiteren beachtenswerten Siedlungen und an der reformatorischen **Bullingerkirche** vorbei, bis wir die katholische **Kirche Felix und Regula** hinter dem Schulhaus erreicht haben. Hier halten wir uns links und gehen die **Hardstraße** weiter, um zum **Albisriederplatz** zu gelangen. Hier sollten wir uns in jedem Fall in einem der Cafés eine kleine Ruhepause gönnen.

Ein unbekanntes Werk von Max Frisch: das Freibad Letzigraben

Danach haben wir zwei Möglichkeiten: Die eine führt zum nahe gelegenen **Friedhof Sihlfeld**, der auch ein wunderschöner Park ist. Dort kann man das Grab von Gottfried Keller aufsuchen. Die andere bietet sich bei schönem, heißem Wetter an: In diesem Fall folgt man der Albisriederstraße am Friedhof vorbei bis zum **Freibad Letzigraben**, das der Architekt, uns aber eher als Autor bekannte Max Frisch entworfen hat. Wer jedoch durch den Friedhof promeniert ist, kann schließlich an seinem Haupteingang die **Aemtlerstraße** nach rechts hinuntergehen, ein jüdisches, arabisches und türkisches Einzugsgebiet voller Leben und – nicht immer einfacher – Gegensätze. Die **Birmersdorfer**, die die Aemtlerstraße mit ihrer mittelständischen Bausubstanz verlängert, gehen wir nun bis zur **Schlossgasse**. Hier, am Ende unseres Spaziergangs, stoßen wir auf das Bet- und Schulhaus von 1791 und den sehr lieblichen **Wiedinganstieg**, der sich idyllisch nach oben Richtung Uetliberg hinaufzieht.

Dauer: 1 3/4 Stunden
Karte: → Klappe vorne

Folgen Sie den Spuren von Schriftstellern wie Thomas Mann oder Max Frisch, die sich von der schönen Landschaft um Küsnacht inspirieren ließen.

Wanderung von Küsnacht zum Pfannenstiel

Von der S7 am Hauptbahnhof lassen wir uns nach **Küsnacht** bringen. Der Zürcher Vorort, der auf eine 1000jährige Geschichte zurückblickt, ist ein wunderschönes, sehr nobles Wohngebiet. Das liegt nicht nur an seiner sonnigen Uferlage am See, sondern auch an seinem romantischen Hinterland wie dem **Küsnachter Tobel**, über den man den berühmten, viele Dichter und Künstler inspirierenden **Pfannenstiel** erreicht. So ist es also nicht erstaunlich, daß hier der Wahlzürcher **Thomas Mann** seine erste Exilniederlassung wählte. Auch **Conrad Ferdinand Meyer** und **Max Frisch** haben hier lange gelebt, und für **C. G. Jung** war es Wohn- und Sterbeort in einem.

Nachdem wir aus dem Zug ausgestiegen sind, orientieren wir uns rechts und gehen direkt zur Seestraße. Es ist übrigens ratsam, sich am Bahnhofskiosk einen kleinen Faltplan von Küsnacht geben zu lassen. An der

Rastplatz mit Aussicht: auf den Pfannenstiel

Seestraße taucht vor uns das traditionsreiche **Hotel Sonne** auf, in dem **Thomas Mann** seine Gäste unterzubringen pflegte. Hinter dem Hotel befindet sich die Schiffsanlegestelle. Wir folgen der Seestraße rechts in Richtung Zürich und passieren das **weiße Höchhus**, früher wohl ein Wachturm, später **C. G. Jungs** Domizil und heute Sitz der Stadtbibliothek. Etwa 500 Meter weiter nehmen wir die zweite Möglichkeit nach rechts, unterqueren die Eisenbahnschienen und gehen einen kleinen Weg bergauf, der uns an Weinstöcken und prächtigen Villengärten vorbeiführt. Etwas weiter oben landen wir schließlich an der Kreuzung **Alte Landstraße/Schiedhaldenstraße**. Wir überqueren die Alte Landstraße und folgen der ansteigenden **Schiedhaldenstraße**, vorbei an alten Besitztümern des Zürcher Geldadels, bis nach etwa zehn Minuten linker Hand die altrosafarbene **Villa** vor uns auftaucht, in der **Thomas Mann** mit Familie lebte (Nr. 33). Ihre Lage und ihr Blick auf den See sind majestätisch. Und wir verstehen, warum von hier aus das »Promenieren in der Natur«, wie es Mann in seinen Tagebüchern vermerkte, ein so großes Vergnügen bereitet, denn schon wenig später erreichen wir den schilfbestandenen **Schübelweiher**, eine romantische Oase, wo wir nach rechts einbiegen und links am Wasser entlang dem Küsnachter Tobel entgegengehen. Die Schiedhaldenstraße weiter hoch erreicht man übrigens den ebenso schönen, kleinen **Rumensee** und den **Salsterwald** am **Zolikerberg**.

Treppab, treppauf: vom Küsnachter Tobel zur Burg Wulp

Uns aber führen bereits kleine Treppen hinab in den **Küsnachter Tobel** (Tobel bezeichnet eine Schlucht, in der sich ein Bach befindet). Unten beim Küsnachter Dorfbach angelangt, halten wir uns wiederum rechts und laufen den Bach mit seinen künstlich angelegten Minikaskaden, die seine Kraft endlich bezwangen, quellenwärts, bis wir zu einer kleinen Brücke gelangen. Ab dort folgen wir dem Wegweiser **Burg Wulp**. Die hochgelegene Miniausgabe einer Steinruine, die von sattem Laubwaldgrün eingefaßt ist, sowie Schilder mit historischen Erklärungen und einer graphischen Darstellung der ursprünglichen Burg laden zum Ausruhen und Picknicken ein. Die 20 Meter, die wir dann wieder hinab müssen, um zur Kreuzung unseres Weges zu gelangen, sind die letzte Möglichkeit zu entscheiden, wohin wir jetzt wollen. Wenn Kinder dabei sind, mit denen größere Wanderungen im allgemeinen ausgeschlossen sind, empfiehlt es sich, den ansteigenden Treppenweg zu nehmen, der uns in den Küsnachter Tobel schließlich wieder hinabführen wird. Von dort aus kann man dann gemütlich nach Küsnacht zurückschlendern, um in dem kleinen Ort in einem Gasthaus einzukehren oder

AUSFLÜGE

an heißen Tagen das Strandbad aufzusuchen.

Wer jedoch weiterwandern will, geht nach rechts in Richtung Küsnacht, bis nach kurzer Zeit erneut ein Holzpfeil mit der Aufschrift **Pfannenstiel** auftaucht. Über eine rechter Hand ansteigende Treppe erreichen wir eine Straße, die wir überqueren. Von nun an marschieren wir vorwiegend durch Tannengehölz in die Küsnachter Berge hinauf, bis schließlich die Gebäude eines Pfadfindercamps in unser Blickfeld geraten. Wir gehen links daran vorbei (das Camp immer links des Weges), bis wir an eine Straße kommen, auf deren gegenüberliegender Seite der **Maatischte Waag** beginnt. Dieser führt uns durch dichtesten Wald und sein gesiebtes oder gebündeltes Sonnenlicht zur nächsten größeren Lichtung und Wegkreuzung. Wer an dieser Stelle keine Lust mehr hat weiterzuwandern, kann von hier aus bequem in Richtung Herliberg zurück zum See laufen. Auch einige Gasthäuser laden an dieser Strecke zur Einkehr.

Zum Mittagessen in den Waldhof Guldenen

Unsere Route aber führt uns links in den **Dachsbergweg** nach **Hohrüti**, wieder durch Wald, dann über die **Ruchweid** mit ihrem bei klarem Sonnenschein prächtigen Alpenpanorama eine Straße entlang bis zur nächsten Kreuzung. Dort folgen wir dem Wegweiser **Chüelanmorgen** in

den Wald hinein bis zur Ausschilderung **Zum Waldhof Guldenen**, wo man recht gut und zu vernünftigen Preisen zu Mittag essen kann (an sonnigen Wochenenden ist es ratsam vorzubestellen: Waldhof Guldenen, 8127 Forch-Guldenen, Tel. 9 80 24 24, So ab 18 Uhr und Mo geschlossen). Wer nach dieser Pause noch über große Wanderreserven verfügt, dem stehen diverse beschilderte Wanderwege zur Auswahl, um zum **Pfannenstiel** zu gelangen, über den Max Frisch immer wieder in seinen Tagebüchern berichtet: »Stundenlang wandere ich über gelassene Hügel. Die Wege sind weich, man muß auf dem Rande gehen; wie gläserne Scherben liegen die Tümpel darin, Räderspuren und Hufe, die den Himmel spiegeln. Man stapft durch Wälder, die fast ohne Schatten sind… Gebirge hängen jenseits über Räumen voll silbernem Dunst, ein Gleißen von schmelzendem Schnee; die Luft ist voll Verheißung, die Luft ist voll Ostern, und es ist mir, als wäre gestern erst Frühling gewesen.«

Idyllischer Rückweg am Dorfbach entlang

Wir aber laufen erst einmal den Weg zurück, den wir gekommen sind, bis wir die erste Straße erreicht haben. Diese überqueren wir, gehen 20 Meter nach links, um dann einen kleinen Treppenweg erneut links hinabzusteigen, der uns zum **Küsnachter Dorfbach** führt. Diesem werden wir von nun an bis nach Küsnacht folgen. Ein ausgesprochen schöner und schattiger Rückweg, dessen Idyll man sich aber keinesfalls dadurch zerstören sollte, daß man nach ungefähr Dreiviertel des Weges dem Hinweisschild Restaurant Keck folgt – es sei denn, man hat ein besonderes Faible für dröhnende Squash-Betonhallen.

Vorbei an der Brücke, die uns zur Burg führte, gelangen wir an eine weitere Brücke, von der aus man den Dorfbach sowohl links als auch rechts entlanglaufen kann. Wir wählen die linke Seite, die wir auch dann, wenn wir schon auf der Burg beschlossen haben, nach Küsnacht zurückzukehren, nehmen sollten. Sie empfiehlt sich besonders mit Kindern und führt an einem recht großen Findling, der einem bekannten Geologen gewidmet ist, vorbei zu einem **Spielplatz** mit kleinen Findlingen – Steinen aus Moränenablagerungen. Am Wegesrand sind die Bäume beschildert, so daß sich Kinder beispielsweise Blätter vom Heidelbeerbaum zum Trocknen mitnehmen können.

Zurück in Küsnacht kommen wir am **Ortsmuseum** vorbei (Tobelweg 1, Do und So 14–17 Uhr). Auch die **reformierte Kirche** aus dem 15. Jahrhundert mit ihren beachtenswerten Wandfresken im Chor lohnt einen Besuch. Wer die beschriebene Wanderung im Frühling, Sommer oder Frühherbst unternimmt, sollte auf alle Fälle mit dem Schiff nach Zürich zurückfahren: bei Sonnenuntergang ganz sicher ein Abschluß von atemberaubender Schönheit.

Dauer: 3 Stunden
Karte: → Umschlag Rückseite

Das Freizeitgebiet Zürichsee ist auch für Wassersportler interessant

Augenweide für gestreßte Städter:
Zu den besonderen Reizen Zürichs
gehört auch das gleichnamige Oberland,
das quasi vor der Haustür liegt

AUSFLÜGE

Über die Hänge des Zürich- und des Adlisberges

Wir beginnen die Reise am **Central**, steigen in die Tram 10, fahren bis zur Station **Seilbahn Rigiblick** und nehmen die Bergbahn, an Villen vorbei, bis zur hochgelegenen Endstation. Hier finden sich auch gleich rechts und links Aussichtsterrassen mit Bänken, die bei schönem Licht einen zauberhaften Weitblick über Zürichs Häusermeer hinweg erlauben. Auf der linken Aussichtsanlage thront unauffällig umzäunt das Grab des genialen Dramatikers und politischen Flüchtlings Georg Büchner. Wenden wir uns ab, liegt links von uns das **Restaurant Rigiblick** (kein Alkoholausschank), rechts führt eine kleine Gasse zum Berg hinauf, die sich schließlich zu einem kurvenreichen Waldweg verkleinert. Wir stapfen den Weg unter dichtem Laubwald nach oben, bis er in einen größeren Weg mündet: die **Batteriestraße**, die wir nach rechts oben weiterlaufen. Wenn man an dieser Stelle nach links ginge, würde man das Dreieck des Reisweihers und seine mit Bänken besetzte Staumauer erreichen – ebenfalls ein schöner Aussichtspunkt.

Zum Gipfel des Zürichberges

Wir setzen jedoch unseren Weg über die Batteriestraße fort und gelangen so ebenfalls an einen kleinen **Waldweiher**, der sich aus dem eher unauffälligen Rinnsal des Peterstobelbachs gebil-det hat und der zusammen mit Bänken und einem offenen Holzhaus einen guten Picknickplatz bildet. Die Batteriestraße steigt weiter gemächlich an und bringt uns an eine größere Waldweggabelung, die mit ihren 648 Metern zugleich der höchste Punkt des Zürichberges ist. Wir folgen dem gelben Wegweiser **Allmend Fluntern** 25 Minuten nach rechts in die **Oberholzstraße** und erreichen nach weiteren zehn Minuten eine große, grüne Lichtung, die oben herum von roten Bänken umsäumt ist. Auch ein kleiner Brunnen mit Trinkwasser plätschert hier beschaulich vor sich hin.

Der Waldweg schlängelt sich aber bereits wieder talwärts, bis seltsames Geschnatter uns darauf aufmerksam macht, daß wir uns nicht weit vom **Zoo** befinden. Erneut führt der Weg an den Waldrand, zum **Orelliweg**. Links hinter uns lassen wir den **Friedhof Fluntern**, vor uns eine abfallende Wiese mit Obstbäumen und rechts der wie aus einer Pariser Vorstadt stammende rotockerne Klinkerbau des **Hotels Zürichberg**.

Für eine kleine Pause bietet sich jetzt entweder die moderngemütliche **Bar Kolibri** an (im Winter täglich 6–19, im Sommer bis 23 Uhr geöffnet) oder das **Restaurant Kibitz** (täglich 8–23 Uhr geöffnet), von dessen Terrasse aus man einen schönen Blick auf die Stadt hat.

Vom Orelliweg zum Loorenchopf

Der Orelliweg ist nach der sehr couragierten Gründerin des »Zürcher Frauenvereins für alkoholfreie Wirtschaften« benannt, einer Institution, die in der Stadt ein nicht unerhebliches Erbe hinterlassen hat. Wir halten uns rechts und laufen bergab, vorbei an der Endstation der Tramlinien 5 und 6. In der **Dreiwiesenstraße** lassen wir links die eingezäunte Hochschul-Sportanlage liegen, bis wir den **Adolf-Jähr-Weg** passieren. Dieser führt in eine weitere Sportanlage, die von dem Bankier und Förderer der Kunst Adolf Jähr (daher der Name) gesponsert wurde. Die Dreiwiesenstraße wird im letzten Drittel vor der letzten Kreuzung von einem parallelen Waldweg begleitet. So kommen wir an die **Tobelhofstraße**, die rechts zum Dolder und links in Richtung Adlisberg und Witikon führt. Wir überqueren die Straße und gehen, den gelben Wegweisern folgend, nach rechts in den Wald. Von nun an folgen wir den Schildern, die uns den Weg zum **Hinter Adlisberg**, **Pfannenstiel** und **Greifensee** weisen. Rundum herrliche Natur, deren Genuß nur noch für zehn Minuten von der wenig befahrenen Dreiwiesenstraße beeinträchtigt wird. Wir überqueren einen kleinen Bach und nochmals die Dreiwiesenstraße, um dann geradeaus zum **Forsthaus Hinter Adlisberg** zu gelangen. Von hier aus führt ein Weg links zurück zum Tobelhof (mit Fernsicht ins Glattal), wir aber halten uns rechts, überqueren ein letztes Mal die Dreiwiesenstraße und wandern, gleich rechts neben der Markierung, steil bergauf, bis wir auf eine größere Kreuzung stoßen. Hier entscheiden wir uns für den Weg links aufwärts nach **Forch** und **Loorenchopf**.

Lehrpfade zur Geologie und Botanik

Der tannenreiche Wald bringt uns zum Scheitel des **Loorenchopfes**, der 690 Meter über dem Meeresspiegel liegt. Ein idealer Rastplatz mit Brunnen, Tischen, Bänken, einer überdachten Feuerstelle und einem 33 Meter hohen Aussichtsturm. Wir laufen dann praktisch um den Loorenchopf herum in Richtung **Degenried**. Der Weg mündet sofort in die **Loorenkopfstraße**, die uns geradeaus und bergab bis zur Weiherholzstraße führt. Letztere gehen wir weiterhin geradeaus bis zur Dolderbahn. An der nächsten Kreuzung folgen wir dann dem gelben Viereck links hinab. Der Weg wird schmaler und steiler. Wir überqueren erneut den Weg, dem wir kurz unsere Aufmerksamkeit schenken sollten. Denn wenn wir jetzt nach links abbiegen, liegen vor uns fein säuberlich getrennnte Steinbrocken mit kleinen Holzschildern davor. Wir sind am Standort drei des **Geologischen Lehrpfades**. Nach unserem geologischen Exkurs, der links wie rechts beliebig fortzusetzen ist (gestrichelte Linie), laufen wir weiterhin talwärts, bis rechts vor uns das **Gasthaus/Restaurant Degenried** auftaucht. Täglich außer montags kann der Hungrige hier auch jenseits der üblichen Essenszeiten einen Teller Spaghetti bekommen, und einen Kinderspielplatz gibt es auch. Danach gehen wir rechts weiter die **Degenriedstraße** entlang, bis wir einen sehr interessanten **Botanischen Lehrpfad** erreichen.

Zum krönenden Abschluß ein Menü im Luxushotel Dolder

Weiter geht es, vorbei an sanften, weiten Hängen eines Golfplatzes, die einen sensationellen Weitblick freigeben, bis zum prächtigen, altehrwürdigen **Dolder Grand Hotel.** Zu Mittag kann man hier ein »Business-Menu« (Mittlere Preisklasse) einnehmen, aber auch ein vegetarisches oder ein kalorienreduziertes Gericht bestellen. Bei schönem Wetter genießt man sein Essen auf der herrlichen Terrasse. Eine angemessene, von Luxus gekrönte Belohnung für zweieinhalb Stunden Fuß- und Beinarbeit! Anschließend lassen wir uns von der roten **Dolderzahnradbahn**, die vom Hotel per Lift zu erreichen ist, zum **Römerhof** in die Stadt zurückfahren – vielleicht, um den Nachmittag dann faul in einem der vielen See- oder Flußbäder Zürichs zu verbringen?

Dauer: 2 1/2 Stunden

DER BESONDERE TIP

Per Boot nach Rapperswil Etwa zwei Stunden dauert eine Fahrt mit dem Schiff über den Zürichsee nach Rapperswil. Von weitem sieht man schon die Schloßtürme des mittelalterlichen Städtchens, dessen Gassen zum Bummeln einladen. Im Schloß sind das **Polenmuseum** (Sammlung zur Geschichte und Kultur Polens) und die **Rosengärten** zu besichtigen. Für Kinder wartet Rapperswil mit einem besonderen Ereignis auf: **Knie's Kinderzoo**, der 15 Minuten außerhalb des Zentrums liegt (→ S. 82). Um die Rückfahrt zu verkürzen, kann man auch mit der S-Bahn nach Zürich zurückfahren (S7 »Goldküstenexpress« Rapperswil–Zürich, verkehrt alle 30 Minuten).

Den »Pfannen-rand« der Stadt Zürich, den Uetliberg, kann man auf die verschiedenste Weise be- und umwandern. Außerdem ist er mit Stöckelschuhen genauso zu bewältigen wie mit Wanderstiefeln. Auch die Motive, auf den Uetliberg zu fahren (mit der Sihltal-Zürich-Uetlibergbahn) oder hinaufzugehen, können unterschiedlicher Natur sein.

Zum Uetliberg – dem Berg der Zürcher

TOP TEN 5

Keuchen zu kommen. Andere wiederum suchen ausschließlich die Augendroge: den faszinierenden Weitblick über den See, eine Uto-Kulmination sozusagen. Uto ist der Namensvorfahre des **Uetzgi**, sprich **Uetli**, nach dem die Bergspitze, der **Uto Kulm,** oder die **Uto Staffel** oder die **Utobrücke** am Fuß der Stadt benannt wurden. Eine Galavorstellung bietet die städtische Majestät, wenn die Wolken unterhalb ihres Gipfels liegen, die Stadt in Tristesse tauchen und den grenzenlosen Himmel um den Gipfel zur sonnigen Apotheose erheben. Der Uetli als Flugzeug, der Wolkenteppich im Sonnenglanz und der Blick, so weit es die Augen eben schaffen.

»Über den Wolken...«

Während der eine nur hinauf will, um in einer der Gaststätten, wie beispielsweise dem nur schwer aussprechbaren Gmüetlibergrestaurant, seinen Wein oder sein Bier zu trinken, so sucht der andere die steilansteigenden Treppen des Kulm, um so richtig ins

Unseren Ausflug auf den **Uetli,** der eigentlich eine Moräne

Vom Uto Kulm bietet sich ein phantastischer Blick auf Zürich und Umgebung

AUSFLÜGE

und damit ein Naturtestament des Linthgletschers ist, beginnen wir mit der Tram 13, in die wir entweder am Hauptbahnhof/Bahnhofquai oder an der Haltestelle Bahnhofstraße einsteigen. Die Straßenbahn fährt uns zuerst durch das unauffällige Banken- und Luxusquartier der Stadt, biegt dann rechts über den Paradeplatz in den Westen Zürichs, am Bahnhof Enge vorbei, wo sie schließlich hinter der Station Waffenplatzstraße die Sihl überquert. Nun geht es mehr oder weniger durch ein Zürich der fünfziger und sechziger Jahre. Man kommt vorbei an einer Ball- und einer Siemensfabrik, dann am Bürohaus des »Tages-Anzeigers«. Ein ehemaliges Gewerbegebiet ist zum Wohngebiet avanciert. Und man erkennt sofort: Westlich der Sihl ist alles einfacher, bei weitem nicht so protzig wie im Limmatbereich. Die Bahnstrecke führt am Rand des Quartiers Enge vorbei, das heute das jüdische Viertel der Stadt ist. An der Haltestelle Laubegg können wir links eine sehr schöne Arbeitersiedlung sehen. Sachte fährt die Tram bergauf und steuert ihre Endstation, Albisguetli, an. Genau dort beginnt der Uetliberg.

Alle Wege führen zum Uto Kulm

Wir steigen aus und gehen die **Uetlibergstraße** hinauf, bis wir den Saum des Waldes erreichen. Von hier aus wird es steiler und steiler, der Waldweg nennt sich **Uetlibergweg**. Wenn Schnee liegt, ist festes Schuhwerk unerläßlich, obgleich der geschlängelte Steilweg aufs beste mit Schotter bestreut wird. Auch darf niemand erwarten, hier ließen sich einsame Mußestunden verbringen, gar ein ungestörtes Selbstgespräch führen. Ob ganz früh oder ganz spät, eigentlich kommen einem immer Spaziergänger entgegen. Beim Vorbeigehen wird gegrüßt, auch wenn für uns das »Grüezi« so unaussprechbar ist wie Uetli. Die »Grüezibegegnung« lieben die Zürcher vielleicht schon allein deswegen, weil sie statt »Grüezi« so oft »Grütze« oder ein nur entfernt an »Grüezi« erinnerndes Murmeln zu hören bekommen.

Jedenfalls muß man immer nur bergan gehen, denn alle Wege führen zum **Uto Kulm**. Es läßt sich also wenig falsch machen, verlaufen kann man sich auf keinen Fall, denn die Schilder im Wald sind unübersehbar. Wer den **gelb markierten Wegen** folgt, geht überhaupt kein Risiko ein, denn dies ist der offizielle Wanderweg. Also: ganz einfach den Uetliberg genießen.

Wer es etwas anstrengender haben will, orientiert sich zur **Uto Staffel** (ein steiler Treppenzickzack), die fast ganz oben an den bizarren Nagelfluhfelsen vorbeiführt. Das ist aber auch das einzige »Bergig-Bizarre« am Uetzgi. Am Fuß der Uto Staffel betritt man den **Planetenweg**, die Stiftung einer Zürcher Großbank. Es ist nicht ganz einfach, die in unregelmäßigen Abständen aufgestellten Lehrtafeln zu verstehen, die uns die Konstellation der Planeten zu unserem momentanen Standpunkt zu erläutern versuchen. Im genauen Verhältnis aufgestellt, zeigen sie die unterschiedlichen Abstände zur Sonne. (Leider durch mutwillige Zerstörung stark beschädigt.)

Geistige und leibliche Genüsse

Zu guter Letzt erreichen wir den höchsten Punkt, 873 Meter über dem Meeresspiegel, ein Kleinplateau, die Burgstätte des Bayernherzogs Uatilo, der hier um 1218 residierte. Das Rundum-Panorama ist überwältigend, lediglich die scheußliche Rundfunkantenne beeinträchtigt das himmlische Naturerlebnis. Aber so etwas gehört auf einem »Jedermannsgipfel« wahrscheinlich irgendwie dazu. Genauso, wie die Gastronomie und die Restaurantterrasse für schönere Tage nicht fehlen dürfen. Wo ursprünglich noch eine Bergwacht stand, wurde mit der zunehmenden Freizeitkultur des Bürgertums 1839 das Kulm-Hotel errichtet, ebenfalls das Geschenk einer Schweizer Großbank. Mangels Konkurrenz auf dem Gipfel bewegen sich die Preise hier eher auf höherem Niveau. Etwas preiswerter ist das weiter unten gelegene, schon eingangs erwähnte Bahnhofslokal Gmüetlibergrestaurant. Zur Endstation Hauptbahnhof gelangen wir mit der SZU, der steilsten Adhäsionsbahn Europas, oder wir nehmen die S10, die alle halbe Stunde fährt.

Dauer: 1 Stunde

Aussichtsreich und beschaulich: eine Dampferfahrt über den Zürichsee

Über den Käferberg, Hönggerberg und Gubrist zum Kloster Fahr

Unser Ausgangspunkt ist der **Bucheggplatz**, und diesen erreichen wir mit der Tram 3 und 15. Wir gehen zum Restaurant Guggach an der Käferholzstraße, die zum Friedhof und Krematorium Nordheim führt. Wenn wir nun links bergan der **Oberen Waidstraße** folgen, gelangen wir zum ersten Aussichtsplateau. Wir stehen genau auf der Achse des Sees, überblicken ein prächtiges Halbrund, bei schönem Wetter mit gezacktem Alpenpanorama, und können in aller Ruhe die Stadt betrachten, die am Kopfende des Sees liegt.

Markierungen beachten

Wenn wir uns genug an dem atemberaubenden Blick geweidet haben, halten wir uns rechts und steigen in den Wald des **Käferberges** hinauf. Geleitet von dem gelben Wanderviereck auf einem Baumstamm steigen wir die Treppen hoch, bis uns ein gelber Pfeil nach rechts den Weg zur nächsten Kreuzung weist, wo sich ein Kinderspielplatz und eine 750 Meter lange Finnenbahn befinden. Ein beschrifteter Holzpfeil nennt unseren Weg **Im Rehsprung**, zudem hilft noch ein gelber Wegweiser, die Wanderroute genauer zu definieren: **Weidberg, Gubrist, Altberg, Baden**. Das wird unsere Richtung bleiben, während wir uns bereits weiter bergauf durch den Wald bewegen, bis wir die nächste Lichtung und Kreuzung erreicht haben. Der gelben Markierung folgend biegen wir nach links, gelangen erneut an eine Kreuzung mit Feuerstelle und Bänken, gehen schräg rechts wieder bergauf und kommen so zum **Hasenrain**, in den wir links einmünden. Der schattige Waldweg streift einen Weiher mit Bänken, die zu kurzer Rast einladen, und führt uns danach zu einer Straße, über die wir links das **Jägerhaus Waidberg** mit seinen Tennisplätzen und einem Spielplatz erreichen (Mo geschl.). Beim Parkplatz des Restaurants gibt es auch ein Damwildgehege, eine Panoramatafel und ein Fernrohr.

Im Zickzackkurs bergab zur Limmat

Nach dieser aussichtsreichen Zwischenstation nehmen wir unsere Wanderung wieder auf, indem wir – die Tennisplätze rechter Hand hinter uns lassend – dem Zickzackkurs der gelben Wandermarkierungen bergab folgen, bis wir aus dem Wald treten. Vor uns Felder, Schrebergärten und dörflich anmutende Siedlungen, die sich sanft ins Limmattal hinabziehen. Unser Weg heißt **Eichholzweg**, die Richtung noch immer **Gubrist, Altberg, Baden**. Der Blick reicht vom Zürichberg bis nach Weiningen und ist, wenn nicht verhangen, paramountmäßig.

Wir folgen dem Eichholzweg, unterlaufen mit ihm die Emil-Klöti-Straße, bis er in die **Kappenbühlstraße** übergeht, die uns direkt in den Wald des **Hönggerberges** führt. Die Kappenbühlstraße kreuzt mehrere Straßen und Wege, führt an Sportanlagen und an einem Friedhof vorbei. Über die **Kappeliholzstraße** schreiten wir geradeaus auf den Hönggerberg zu, biegen rechts in den **Grünwaldstraße** ein, bis wir einen eisenzeitlichen Grabhügel mit Schrifttafel passieren, und folgen nun der gelben Wanderwegmarkierung bis zum Restaurant Grünwald (täglich außer Mo geöffnet). Der gutmarkierte Wanderweg führt uns von hier aus über die **Lettenmüslistraße** den **Gubristwald** steil hinauf, weiter über den Lerchenweg zum Glaubeneich. Ab jetzt folgen wir dem Wanderweg talabwärts, bis nach **Unterengstringen**. Die gelben Punkte und Pfeile geleiten uns bis zum Limmatufer, an dessen rechter Seite wir nun bis zum **Kloster Fahr** entlanglaufen.

Zum Schluß ein Fisch im Klosterrestaurant

Dazu müssen wir für etwa zehn Minuten den Krach der Autobahn N 1 in Kauf nehmen. Die aargauische Enklave des Klosters, die von Benediktinerinnen bewohnt und bewirtschaftet wird, mit ihrer malerischen Umgebung wie auch die Limmat mit ihrer wuchernden Vegetation entschädigen uns jedoch für die kurzfristige Ruhestörung. Das Kloster Fahr (1689 bis 1696 nach Plänen von C. und Joh. Moosbrugger erbaut) besitzt eine Rokokokirche (1743 bis 1746), eigene Landwirtschaft und eine Bäuerinnenschule sowie ein Restaurant gleichen Namens (täglich außer Mo und Di geöffnet). Auf der Speisekarte überwiegen Fischgerichte zu vernünftigen Preisen. Im Sommer sitzt man draußen besonders schön.

Um schließlich nach Zürich zurückzukommen, laufen wir unseren Weg zurück, bis wir in **Unterengstringen** die Haltestelle des Überlandbusses 44 erreicht haben. Dieser fährt uns nach **Frankental** (Endstation), wo wir in die Tram 13 nach **Zürich** umsteigen.

Dauer: 2 1/2 Stunden

WICHTIGE INFORMATIONEN

Auskunft

In der Bundesrepublik
Deutschland:
Schweizer Verkehrsbüro
Kaiserstr. 23
60311 Frankfurt/M.
Tel. 0 69/25 60 01 21
Fax 25 60 01 16

In Österreich:
Schweizer Verkehrsbüro
Kärntnerstr. 20
1015 Wien
Tel. 02 22/5 12 74 05
Fax 5 13 93 35

In Zürich:
Verkehrsbüro Zürich
– Bahnhofplatz 15 (im Hauptbahn-
hof)
8023 Zürich
Tel. 01/2 11 40 00
Fax 2 12 01 41
April–Okt. Mo–Fr 8.30–21.30, Sa
und So 8.30–20.30 Uhr; Nov.–März
Mo–Fr 8.30–19.30, Sa und So
8.30–18.30 Uhr
– Am Flughafen-Kloten (Terminal B)
Tel. 01/8 16 40 81
Tgl. 10–19 Uhr
Hotelreservierung:
Tel. 01/2 11 11 31
Fax 2 12 01 41

Apotheken

Die **Odeon-Apotheke (Tel.
2 52 59 59)** am Bellevue ist tgl. 7–23
Uhr geöffnet. In der **Bellevue-Apo-
theke (Tel. 2 52 56 00)** in der Theaterstr. 14 gibt es einen 24-Stunden-
Dienst.

Bevölkerung

1995 hatte Zürich 365 000 Einwohner. Fast ein Fünftel der Einwohner
sind Ausländer, die Mehrheit Italiener.

Camping

Campingplatz Seebucht
Am linken Ufer des Zürichsees be-
findet sich dieser Platz mit moder-
nen sanitären Anlagen und Restau-
rant.
Seestr. 559
Tel. 01/4 82 16 12
Bus 161, 165
Okt.–April geschl.

Diplomatische Vertretungen

**Konsulat der Bundesrepublik
Deutschland** ■ D 3
Kirchgasse 48
8024 Zürich
Tel. 01/2 51 69 36 (Notdienst am
Wochenende: Tel. 2 65 65 65)
Mo–Fr 8.30–11, 15–16.30 Uhr

Österreichisches Konsulat ■ F 4
Minervastr. 116
8032 Zürich
Tel. 01/3 83 72 00 und 3 83 72 02

Feiertage

Nationale Feiertage
1. Januar
Karfreitag
Ostermontag
1. Mai
Christi Himmelfahrt
Pfingstmontag
1. August Nationalfeiertag
25. und 26. Dezember Weihnachten

Lokale Feiertage
2. Januar Berchtoldstag
3. Montag im April Sechseläuten
(Geschäfte und Büros schließen an
diesem Tag um 12 Uhr)
2. Samstag im September Knabenschießen

Fundbüros

Bahn (SBB)
Im Hauptbahnhof
Tel. 01/1 57 22 22
Mo–Fr 8–17.30 Uhr

**Stadtpolizei und Verkehrs-
betriebe**
Werdmühlestr. 10
Tel. 01/2 16 25 50
Mo–Fr 7.30–17.30 Uhr;
Sa und So bei der:
Hauptwache der Polizei
Bahnhofquai 3
Tel. 01/2 16 71 11

Geld

Die Schweizer Währung gilt als
sehr stabil. Der **Wechselkurs** bei
Redaktionsschluß: 100 sfr entspre-
chen 123 DM und 860 öS. Neben
Scheinen über 1000, 500, 100, 50,
20 und 10 Franken befinden sich
Münzen zu 5, 2, 1 und 1/2 Franken
und zu 20, 10 und 5 Rappen im Um-
lauf.

Öffnungszeiten der Banken:
Mo–Fr 8.30 -16.30, Do bis 18 Uhr;
die Wechselstube am Hauptbahnhof
ist tgl. 6.15–22.45 Uhr geöffnet, die
Banken am Flughafen tgl. 6–22 Uhr.
Überall in der Stadt befinden sich
Geldautomaten für Kredit- und Euro-
chequekarten mit Geheimnummer.
Mit einem **Eurocheque** sind maxi-
mal 360 sfr erhältlich. Die meisten
Geschäfte, Hotels und Restaurants
sowie die Schweizerischen Bundes-
bahnen (SBB) akzeptieren **Kreditkarten**. Bei der Ein- und Ausreise
dürfen **Devisen** in beliebiger Höhe
mitgeführt werden. Das Preisniveau
ist etwa 25 Prozent höher als in
Deutschland.

Jugendherberge

Jugendherberge in Wollishofen
Fünf Minuten zum See.
Mutschellenstr. 114
Tel. 01/4 82 35 44
735 Betten
(meist Sechs-Bett-Zimmer)
Tram 7 (Morgental, b 7)

Zürcher Impressionen

WICHTIGE INFORMATIONEN

Medizinische Versorgung

Deutsche Krankenkassen erstatten ihren Mitgliedern die in der Schweiz entstandenen Arztkosten; über Einzelheiten informieren die Kassen. Für Österreicher empfiehlt sich der Abschluß einer privaten Krankenversicherung, da kein entsprechendes Abkommen besteht.

Ärztlicher und zahnärztlicher Notdienst
Tel. 01/2 61 61 00

Erste Hilfe
Tel. 01/3 61 61 61

Kinderkrankenhaus
Tel. 01/2 66 71 11

Vergiftungen
Tel. 01/2 51 51 51

Unfallstation
Tel. 01/2 55 11 11

Tierärztlicher Notfalldienst
Tel. 01/3 65 11 11

Notruf

Polizei Tel. 1 17

Feuerwehr Tel. 1 18

Sanitätsnotruf Tel. 1 44

Pannenhilfe Tel. 1 40

Politik

Zürich wird von einem neunköpfigen Stadtrat unter Vorsitz des Stadtpräsidenten regiert. Der Gemeinderat setzt sich aus 125 gewählten Mitgliedern zusammen. Alle vier Jahre finden Wahlen statt. Seit 1990 wird die Stadt von einem rot-grünen Bündnis regiert.

Die schweizerische Demokratie ist berühmt für die direkten Einflußmöglichkeiten der Bürger auf der Ebene der Gemeinden, der Kantone und des Bundes. Die Schweizerische Eidgenossenschaft gliedert sich in 23 Kantone und 3 Hlbkantone. Acht Kantone oder 50 000 Stimmberechtigte können eine Volksabstimmung über einen Bundesentscheid verlangen.

Post

Postkarten und Briefe bis 20 g kosten innerhalb der Schweiz 0,70 (B-Post) bzw. 0,90 (A-Post) sFr, in Europa 0,90 (B-Post) bzw. 1,10 (A-Post) sFr, nach Übersee 1,10 (B-Post) bzw. 1,80 (A-Post) sFr. Postsendungen, die möglichst schnell ihr Ziel erreichen sollen, müssen mit einem Aufkleber »A Prioritaire« (0,90 sFr) gekennzeichnet werden.

Sihlpost (Hauptpost)
Kasernenstr. 95/97
Tel. 01/2 96 21 11
Mo–Fr 6.30–22.30, Sa 6.30–20, So 11–22.30 Uhr
Im **Hauptbahnhof** befindet sich ebenfalls eine Post.

Reisedokumente

Zur Einreise von Deutschen wird ein Personalausweis oder ein Reisepaß benötigt. Für Kinder unter zehn Jahren genügt ein Kinderausweis ohne Foto, bis zum 16. Lebensjahr mit Foto. Österreichische Reisedokumente dürfen bis zu fünf Jahre abgelaufen sein. Um aber reibungslos die Grenze zu passieren, sollte man lieber mit gültigen, rechtzeitig verlängerten Dokumenten auf die Reise gehen. Autofahrern empfiehlt der ADAC die Mitnahme der grünen Versicherungskarte.

Reisewetter

Mai und September gelten ebenso
wie die Sommermonate als angenehme Reisezeit. In der Nord-
schweiz gibt es – anders als in der
Südschweiz – viele Niederschläge
und Bewölkungen.

Rundfunk/Fernsehen

Neben dem Schweizer Fernsehprogramm (SRG) in den drei Landessprachen können via Kabel oder
Satellit ARD, ZDF, Privatprogramme,
die italienische RAI u. v. a. m. emp-
fangen werden, ebenso ausländi-
sche Rundfunksender.
Private Lokalsender: **Lokal-Radio
Zürich** 104,5 MHz, **Radio 24** 102,8
MHz, **Radio Z** 100,9 MHz

Sport

Im Sommer zieht es Schwimmer
und Sonnenanbeter in die vielen
See-, Fluß- und Freibäder der Stadt.
Außerdem können dann Ruder-,
Segel- und Motorboote am See ge-
mietet werden. Doch auch im Win-
ter kann man sich sportlich betäti-
gen. Das Wintersport-Mekka ist der
Dolder mit Eisbahn, Curlingbahnen,
Wanderwegen und Rodelbahnen.

Eisbahnen

Dolder
Adlisbergstr. 36
Tel. 01/2 61 71 01 (Dolderbahn ab
Römerhof, c 4)
Eishalle Oerlikon
Siewerdtstr. 80
Tel. 01/3 12 40 90
Tram 7, 14 (Sternen Oerlikon, d 2)
Heuried
Wasserschöpfi 71
Tel. 01/4 62 98 22
Tram 9, 14 (Heuried, a 4)

Die genauen Klimadaten von **Zürich**

	Durchschnittstemperaturen in °C		Sonnenstunden	Regentage
	Tag	Nacht	pro Tag	
Januar	2,3	–3,5	1,6	11
Februar	4,7	–2,8	2,8	10
März	10,1	0,4	4,7	9
April	14,5	3,9	5,8	11
Mai	19,0	7,8	7,1	12
Juni	20,2	11,3	6,5	13
Juli	24,1	13,1	7,3	13
August	23,6	12,8	6,9	13
September	20,2	10,2	5,6	10
Oktober	13,5	5,6	3,4	10
November	7,1	1,4	1,7	10
Dezember	2,9	–2,0	1,5	10

Quelle: Deutscher Wetterdienst, Offenbach

Langlaufloipen
Vom Uetliberg zum Albiskamm, etwa 12 km, Schnee-Auskunft: Tel. 01/2 01 24 24

Radfahren
Vom 2. Mai – 26. Okt. stehen in Zürich tgl. von 7.30 – 21.30 Uhr 200 Gratis-Fahrräder zur Verfügung. Personalausweis und 20 sfr müssen hinterlegt werden. Standort: Werdmühleplatz, Theaterplatz, Tessinerplatz, Marktplatz Oerlikon.

Rodeln
Die beliebteste Rodelbahn führt vom **Uetliberg nach Triemli** (3 km), aber auch die **Hüttenkopfstraße** am Zoo, der **Breitweg Hirslanden** und die **Kurhausstraße** auf dem Dolder sind beliebte »Schlittelwege« (Schlitteln = Rodeln). Im »Tagblatt« wird bei günstigen Schneeverhältnissen ein Schlittelbulletin veröffentlicht.

Skigebiete
Zürichs nächstgelegenes Skigebiet ist der **Hoch-Ybrig** (1050–1850 m) mit fünf Skiliften und zwei Sesselbahnen. Man fährt mit dem Zug bis Einsiedeln und von dort mit dem Bus nach Weglosen, dann weiter mit der Seilbahn. Fahrzeit eine Stunde.

Aber auch kleine Skihänge sind bei guten Schneeverhältnissen nicht weit. Auskünfte erteilen die Gemeindeverwaltungen in **Erlenbach** (Tel. 01/9 10 87 11) oder **Regensberg** (Infoband: Tel. 01/8 53 03 78).

Sprache
In der Nord- und Zentralschweiz wird Schweizerdeutsch gesprochen, das sich in zahlreiche Dialekte gliedert. Offizielle Landessprachen sind Deutsch, Französisch, Italienisch und Rätoromanisch.

Stadtführung
Altstadtbummel (ab Zürich Tourismus im Hauptbahnhof): Mai–Okt. Mo–Fr 14.30 Uhr, Sa und So 10 Uhr Dauer: 2 Std. Preis: 18 sfr

Telefon
Die meisten Telefonzellen sind sowohl mit Karten als auch mit Münzen (mindestens 20 Rp.) zu benutzen. Telefonkarten (Taxcard) bekommt man für 10 oder 20 sfr an Postämtern, Bahnhöfen und Kiosken. Nach der Vorwahl wählt man die Ortskennzahl ohne die 0 (im Falle Zürichs also nur die 1), danach die Nummer des Teilnehmers.

Vorwahlnummern
D → CH 00 41
A → CH 0 50
CH → D 00 49
CH → A 00 43

Wichtige Telefonnummern
Auskunft international Tel. 1 14
Auskunft national Tel. 1 11
Ausstellungsinformation Tel. 1 88
Devisenkurse Tel. 1 60
Fernsehprogramm Tel. 1 65
Nachrichten Tel. 1 67
Reservierung und Auskünfte Bahn Tel. 2 11 50 10
Sportergebnisse Tel. 1 64
Straßenzustand Tel. 1 63
Telegramm Tel. 1 10
Uhrzeit Tel. 1 61
Weckdienst Tel. 1 50

Trinkgeld
Das Trinkgeld ist in den Dienstleistungen inbegriffen. Ist man mit dem Service sehr zufrieden, rundet man den Betrag auf.

Wirtschaft

Zürich ist das Wirtschafts- und Finanzzentrum der Schweiz mit rund 350 000 Arbeitsplätzen. Einen wichtigen Schritt auf den Weg dorthin bedeutete die Gründung der Zürcher Börse 1877. Heute liegt sie nach New York, London und Tokio an vierter Stelle. Außerdem ist Zürich der größte Goldumschlagsplatz der Welt. In der Stadt gibt es etwa 350 Bankniederlassungen. Neben dem Dienstleistungssektor (Banken, Versicherungen und Tourismus) sowie Handel und Gewerbe ist in Zürich auch Maschinen- und Textilindustrie ansässig. Erwähnenswert sind darüber hinaus 30 landwirtschaftliche Betriebe.

Zeitungen

Die meisten überregionalen Wochenzeitungen der Schweiz kommen aus Zürich. Das Traditionsblatt »Neue Zürcher Zeitung« (gegründet 1780) ist über die Schweizer Grenzen hinaus bekannt und vielgelesen. Der liberale »Tages-Anzeiger« enthält am Freitag den »ZüriTip«, einen ausführlichen Veranstaltungskalender für die jeweils kommende Woche. Das »Tagblatt« liegt gratis aus. Alle drei Monate erscheint unentgeltlich »Zürich next«, das über Kulturveranstaltungen informiert.

Zoll

Die Schweiz gehört nicht der EU an. Zahlungsmittel dürfen in unbegrenzter Höhe eingeführt werden. Bei der Einreise sind Geschenke im Wert von 100 sfr, 2 l Wein oder Bier, 1 l Spirituosen, 200 Zigaretten oder 250 g Tabak oder 50 Zigarren zollfrei.

Begehrte Werbeflächen sind auch die Trambahnstationen

WICHTIGE INFORMATIONEN

15 v. Chr.
Die Römer errichten auf dem Lindenhof eine Zollstation.

4. Jahrhundert n. Chr.
Kastell auf dem Lindenhof.

853
Gründung des Frauenmünsterstifts.

929
Zürich wird erstmals urkundlich als Stadt erwähnt.

um 1000
Ausbau der Pfalz auf dem Lindenhof.

1098
Reichsvogtei Zürich kommt an die Zähringer.

1218
Zürich wird freie Reichsstadt.

1220
Einführung eines städtischen Rats.

Anfang des 13. Jahrhunderts
Zerstörung der Pfalz auf dem Lindenhof durch die Bürger der Stadt.

1300
Um den Ritter Rüdiger Manesse bildet sich ein Kreis von Minnesängern.

1336
Soziale Unruhen: Bürger stürzen den von Patriziern dominierten Rat, Rudolf Brun wird Bürgermeister; Einteilung der Handwerker in 13 Zünfte mit politischen Rechten.

1349
Pestepidemie, erste Judenverfolgung in Zürich.

1351
Zürich wird Mitglied der Eidgenossenschaft (1291 gegründet): »Ewiger Bund« mit Luzern, Schwyz, Unterwalden und Uri.

1425
König Sigismund bestätigt der Stadt alleiniges Münzrecht.

1483
Hans Waldmann, der sich zuvor in den Burgunderkriegen 1474/1477 bewährt hatte, wird Bürgermeister, doch schon 1489 wird er gestürzt und hingerichtet.

1519
Der Reformator Huldrych Zwingli wird Priester am Grossmünster.

1525
Reformation.

1529/1531
Erster und Zweiter Kapeller Krieg gegen die Katholiken, Zwingli fällt.

1555
Aufschwung der Seiden- und Entwicklung der Wollindustrie.

1584
Bündnis der reformierten Städte: Bern, Genf und Zürich.

1648
Zum Ende des Dreißigjährigen Krieges löst sich die Eidgenossenschaft vom Deutschen Reich.

1685
Geflüchtete Hugenotten beleben die Textilindustrie.

Im 18. Jahrhundert
Kulturelle Blütezeit der Stadt. Johann Heinrich Pestalozzi, Johann Kaspar Lavater, Johann Jakob Bodmer.

1780
Zürich zählt 10 000 Einwohner, erstmals erscheint die »Zürcher Zeitung«.

1795
Stäfner Handel: Die Landbevölkerung verlangt Reformen (Auswirkung der Französischen Revolution).

1798
Proklamation der Rechtsgleichheit von Stadt- und Landbürgern, Zusammenbruch der Eidgenossenschaft, Zürich wird zum Kriegsschauplatz (Franzosen, Österreicher, Russen).

1815
Im zweiten Pariser Frieden garantieren die europäischen Großmächte der Schweiz Neutralität.

1811–1834
Die Befestigungsmauern werden geschleift.

1833
Gründung der Universität.

1835
Beginn der Dampfschiffahrt auf dem Zürichsee.

1847
Eröffnung der ersten schweizerischen Eisenbahnlinie Zürich–Baden.

1848
Gründung des Schweizerischen Bundesstaates, in der 1874 veränderten Form noch heute gültig.

1893
Elf Nachbargemeinden werden eingemeindet, die Einwohnerzahl Zürichs steigt auf 120 000.

1894
Erste elektrische Straßenbahn (Tram).

1900
Zürich zählt 150 703 Einwohner.

1920
Ablehnung des Frauenstimmrechts.

1925
Linksparteien gewinnen die Mehrheit im Gemeinderat.

1928–1949
»Rote Zürcher Jahre«, sozial-demokratischer Stadtrat.

1933–1945
Die Stadt wird zum Zufluchtsort für Verfolgte des Nationalsozialismus, Hoch-Zeit des Schauspielhauses.

1946
Berühmte Rede Winston Churchills zur Schaffung eines Vereinigten Europas.

1947
Erneute Ablehnung des Frauenstimmrechts.

ab 1946
Zürich wird **das** Wirtschafts- und Finanzzentrum der Schweiz.

1971
Frauenstimmrecht angenommen.

1980
Jugendunruhen führen zu einer Verschärfung des politischen Klimas.

1990
Be den Stadt- und Gemeinderatswahlen erhalten die rot-grünen Parteien die absolute Mehrheit.

1995
In Zürich finden Kundgebungen für und gegen eine stärkere Integration der Schweiz in Europa statt.

Großartig, faszinierend, voller Abenteuer. Das ist
MERIAN *live!*

Kaum ein anderes Land auf der Welt ist derart vielfältig wie die USA.
Endlose Highways, pulsierende Städte, atemberaubende Natur und dazu Menschen aller Rassen und Kulturen.
MERIAN *live!* begleitet Sie mit guten Tips und umfassenden Informationen von der Ostküste bis in den Wilden Westen.
Elf Reiseführer stehen zur Wahl: USA - Ostküste, Florida, USA - Der Nordwesten, USA - Der Alte Süden, USA - Der Südwesten, Hawaii, Neuengland, New York, Kalifornien - Der Süden, Texas, San Francisco und Umgebung.

ISBN 3-7742-0315-6 Je 12,80 DM. 149 lieferbare Titel.

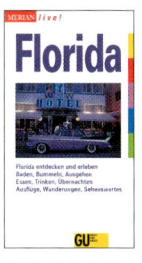

Mehr draus machen
Mit Gräfe und Unzer

WICHTIGE INFORMATIONEN

An unsere Leserinnen und Leser:

Wir freuen uns, Ihre Meinung zu diesem Reiseführer zu erfahren. Bitte schreiben Sie uns, wenn Sie Berichtigungen und Ergänzungsvorschläge haben oder wenn Ihnen etwas besonders gut gefällt:

Gräfe und Unzer Verlag
Reiseredaktion
Stichwort: MERIAN live!
Postfach 40 07 09
Isabellastraße 32
80707 München

Lektorat: Susanne Kranz
Bildredaktion: Christof Klocker
Kartenredaktion: Elisabeth Jenni

Gestaltung: Ludwig Kaiser
Umschlagfoto:
Ch. Heeb/Blick über die Limmat
Karten: Kartographie Huber
Produktion: Helmut Giersberg
Satz: Hubert Feldschmied
Druck und Bindung: Appl, Wemding
ISBN 3 – 7742 – 0291 – 5

Fotos
O. Baumli 7
G. Cordes 24, 42, 63, 102, 106/107
W. Dieterich 11, 13, 15, 16, 19, 23, 26, 27, 29, 37, 39, 40, 41, 46, 48, 57, 59, 60, 67, 73, 77, 79, 81, 92, 97
R. Gerth 117
Ch. Heeb/look 2, 4, 5, 9, 12, 30, 33, 34, 55, 69, 70, 83, 86, 91, 105, 111, 114, 121
M. Radkai 94, 99
Widder Hotel, Zürich 20

Dieses Buch wurde auf chlorfrei gebleichtem Papier gedruckt

1. Auflage 1996
© Gräfe und Unzer Verlag GmbH, München